22 PASOS

EL CAMINO DEL TAROT HACIA LA PROSPERIDAD

Incluye: las Cartas de 22 pasos y el acceso a las meditaciones guiadas por la autora

LOURDES

FERRO

22 PASOS

EL CAMINO DEL TAROT HACIA LA PROSPERIDAD

Incluye: las Cartas de 22 pasos y el acceso a las meditaciones guiadas por la autora

DIANA

Obra editada en colaboración con Editorial Planeta – Uruguay

Fotografía de la portada: Hernán González

Bajo el sello editorial DIANA M.R.
Avenida Presidente Masarik núm. 111,
Piso 2, Polanco V Sección, Miguel Hidalgo
C.P. 11560, Ciudad de México
www.planetadelibros.com.mx

Primera edición impresa en Uruguay: mayo de 2023
ISBN: 978-9915-674-78-0

Primera edición impresa en México: agosto de 2023
ISBN: 978-607-39-0377-6

Impreso en los talleres de Litográfica Ingramex, S.A. de C.V.
Centeno núm. 162-1, colonia Granjas Esmeralda, Ciudad de México
Impreso en México – *Printed in Mexico*

Presentación

De toda la vida soy una enamorada de los Arcanos del tarot, ellos me han inspirado a crear estos *22 pasos para lograr la plenitud*.

Los pasos secretos o misteriosos son tan maravillosos que las palabras quedan cortas. Frente a tan pretencioso intento de resumir esta gran sabiduría y que tú, lector, logres captar la riqueza de este conocimiento decidí expresarme con dibujos, palabras y meditaciones. La imagen es para mí el vehículo que facilita la comprensión y en este caso te servirá de apoyo para transitar este camino.

Todos los aconteceres de la vida, incluso la nuestra propia, transitan estas veintidós etapas que intento transmitirte para tu bienestar. El atravesar estos veintidós pasos te llevará a lograr el objetivo que te plantees. Aquí está la clave: en «objetivo» y en «plantearte»; dos puntos en los que nos focalizaremos antes de comenzar. SI NO SABES A DÓNDE QUIERES LLEGAR, NUNCA LLEGARÁS.

¿Cuál es el logro que quieres materializar en tu vida? Tal vez sea uno, seguramente serán más, pero es importante que sepas que cada uno de ellos debe experimentar estas veintidós energías y tú serás el encargado de concretarlas.

Las veintidós láminas que acompañan los veintidós pasos fueron creadas a partir de una canalización, conexión, visualización. No pretendas encontrar en ellas perfección ni lógica, permite que tu ser logre conectar con el color y la forma sin prejuicios ni limitaciones. La mejor manera de enfrentarte a ellas es con la capacidad de asombro e inocencia de un niño.

La acuarela fue cobrando valor con el correr de las horas y los días, es importante que sepas que al comienzo fueron veintidós hojas en blanco, algunos pinceles y pastillas de acuarela. Los colores que verás durante todo este recorrido partieron de los primarios rojo, azul y amarillo y a partir de ellos surge la gama con la que te encontrarás.

Cuando planifiqué la ilustración de las láminas de los pasos elegí la acuarela porque, en la ejecución, esta técnica se comporta de manera casuística dependiendo de la humedad, del agua que uses, de la inclinación de la mesa en la que estés trabajando. Cada lámina es el resultado de varios factores a través de los cuales el universo te sorprende. Es como la vida misma. Cada vez que dejaba una lámina sobre la mesa para su secado, parecía haber una mágica intervención que le aportaba vida a ese paso.

Encontrarás una reflexión al inicio de cada paso, acompañada de una meditación que te será de guía para incursionar en la energía disponible de cada Arcano.

Este libro tiene varias formas de acompañarte: puedes abordarlo convencionalmente, de principio a fin, o de la manera más mágica, dejándote sorprender por él.

Te invito a comenzar este viaje...

Lourdes Ferro

Otras voces que participaron

... Una búsqueda que comenzamos hace más de una década, por los caminos estéticos de las artes plásticas y visuales, dirigidas a un lenguaje universal, se hace libro hoy. Un gran desafío, con una mágica puesta en marcha, en la que coincidimos y logramos fusionar las artes, el tarot y la meditación.

Natalia Bermúdez
Licenciada en Artes;
especializada en Dibujo y Pintura

Estamos frente a un libro que se ofrece como entrada al inmenso mundo del autoconocimiento. Palabras, imágenes y meditaciones se complementan, tejiendo redes y enriqueciendo la experiencia de la lectura.

Horas de escritura y debates filosóficos dejaron de manifiesto, día a día, el motor que motivaba cada encuentro: ¿cómo encaramos la vida los seres humanos?

El desafío que ha implicado observar al hombre desde otra perspectiva renueva mi compromiso con esa pregunta. La filosofía, la creatividad y el interés por la vida humana han sido los puentes que unieron dos perspectivas, transformándonos y ampliando nuestra visión.

El encuentro con nuestra parte más íntima se hace urgente. Este libro es una invitación a *tomarte un té contigo mismo*, dedicarte un momento, una mirada comprensiva y sanadora.

María Cecilia Lucas

Licenciada en Psicología

El viajero

I

El viajero

En el principio era el Caos

HESÍODO, *TEOGONÍA*

Antes del *Ser* está la *no existencia del caos.*

El principio de todas las cosas suele ser confuso, irreverente, caótico, como contaba Hesíodo. De cara a cualquier emprendimiento es lógico y esperable que nos encontremos frente a una *masa amorfa* de ideas y situaciones que nos generan gran ansiedad. Son las mil ideas inconexas, las mil acciones sin voluntad de hacerse, lo potencial, lo que podría ser.

En el caos existen todos los elementos del universo, latentes y desorganizados, y coexisten los opuestos.

Intentando ser gráfica, retomo el ejemplo de la receta de la que siempre te hablo: en el mercado están todos los ingredientes pero aún sin ordenar: harina, sal, levadura, un par de zapatos, un jabón, comida para el gato, simples objetos e ingredientes inconexos entre sí, todos con capacidad potencial de convertirse en algo.

Seguramente, en el inicio de cualquier situación que pretendes emprender, no eres consciente de que estás frente al primer paso. Simplemente estás observando las múltiples opciones que te aturden.

La oportunidad siempre está ahí, y nosotros, sumidos en una falsa creencia de seguridad, no nos damos cuenta.

Voy a utilizar un ejemplo muy sencillo: supongamos que estás a cero en tu economía, y das vueltas en tu casa sin saber qué hacer.

Te enfrentas a tu placar y ahí está, lleno de prendas que hace tiempo no usas. Solamente habría que acomodarlas y armar una feria americana. En el momento en que pones las prendas sobre la mesa, logras encontrar una solución al problema. Te doy este ejemplo para que te des cuenta de que *siempre hay una solución*. ¿Recuerdas el desafío que me propuso Natalia?: **con cinco líneas hay que resolverlo.** Esto nos demuestra que no necesitamos gran despliegue para resolver un problema.

¿Cuántas veces nos enfrentamos a esos personajes que solemos llamar *buscavidas*? ¿Conoces algún buscavidas?

Es esa persona que encara cada día sin demasiadas expectativas, sabiendo que ahí estará la oportunidad. Quizá un día corta el pasto, otro día hace comida para vender, otro día acompaña a un enfermo. Todos conocemos a uno de ellos.

El buscavidas camina sin prejuicios, no le importa el qué dirán, se adapta a las circunstancias y sabe perfectamente que nada permanece, tiene claro que él es todo y nada a la vez. Es camaleónico frente a las situaciones que le plantea la vida. No tiene vergüenza, porque la vergüenza es una limitante. Nada lo humilla porque sabe que tiene un propósito, que *su situación es circunstancial y que esto va a pasar*.

Ahora imaginemos al gerente de una multinacional, de 50 años, con un sueldo muy alto y todo resuelto. De un día para el otro pierde su trabajo. Seguramente, en un primer momento caiga en una gran depresión, sin saber cómo salir. Quizá en un principio no vea la luz.

Un buscavidas sabría adaptarse a esa nueva circunstancia, porque tiene todo a su mano, sin pretender nada. El buscavidas un día podría ser gerente y otro día, sin sentir humillación, podría hacer cualquier otra actividad. Su único objetivo es salir adelante, permanecer en la vida. Esta es la naturaleza del *viajero*.

El espíritu de toda conquista, ya sea un cambio en tu estilo de vida, en tu trabajo, en una nueva relación, o frente a un mueble que quieras restaurar, es caos y voluntad, en una compleja y exquisita comunión.

He vivido en carne propia el desasosiego que genera el caos del principio. Una mudanza, por ejemplo; ¿qué embalar primero?, ¿qué dejar y qué llevar?, ¿cuál sería la manera más apropiada de preservar los objetos frágiles? ¿Dónde dormir, dónde cocinar? ¡¿Por dónde comenzar?!

Si por un momento logramos detenernos y *confiar*, pero *confiar plenamente*. Sé que lo que te estoy pidiendo es difícil, pero por favor te pido que te des la oportunidad.

La solución aparece y no es magia, es simplemente detener la danza de ideas de tu mente, tomar una de ellas y seguirla hasta el final. De eso se trata este camino.

En este momento del proceso es importante tener muy en cuenta la respiración.

El caos genera ansiedad. La ansiedad, como respuesta a un peligro inminente, nos conduce al desorden. Genera un desorden mental y espiritual que no nos permite confiar, como ya te he dicho. Por eso, debemos hacer ese viaje interior que nos lleva a nuestro centro, donde todo es inocencia y todo es posible.

El hilo dorado

Momento de meditar

Como te he dicho, meditar ha sido un gran aliado en mi vida. En momentos de desconexión me ha ayudado a darme cuenta de qué tan distante de la realidad estaba. Me ha permitido encauzar mi energía o simplemente me ha dado un respiro en esta aturdidora vida.

Mi objetivo con esta meditación es que logres conectar, a través de un hilo dorado con cualquier vestigio de sueño o meta.

Nombré a esta meditación *El hilo dorado*.

Ahora date la oportunidad de probar...

Recuéstate en un lugar cómodo y apartado. Sin prendas que te aprieten: quítate el cinturón, el sostén, los zapatos, lo ideal sería vestir en ese momento una prenda blanca de algodón.

Cierra los ojos, visualiza tu ombligo y comienza a teñirlo de una luz dorada.

De esa luz dorada sale un hilo, también dorado, que hace un largo viaje al cielo que tú sueñas. Todos tenemos una idea de cielo diferente.

Ese hilo dorado se enlazará fuertemente con el cielo que imaginas y la fuente primera que puedes llamar *Dios* (no importa cuál sea tu dios, y si crees en un dios o simplemente una masa gigante de color dorado).

Comienza a respirar lentamente.

Imagina que ese hilo dorado se tensa y se suelta, guiando tu respiración y trayendo hacia ti una luz dorada, tibia y placentera que, a partir del centro de tu abdomen, recorre tus piernas, muslos, pantorrillas y pies, tu sexo, asciende por tu tórax, recorre tu plexo, tu pecho, tu espalda, dorso, cuello, brazos, tus manos, tu cráneo y tu cara.

Empieza a observar qué hay en la punta de ese hilo dorado, ¿logras ver algún objetivo? ¿O sigues visualizando la masa inmensa?

Si lograste ver alguna señal, esta va a servir para nuestro próximo paso, pero si aún no has encontrado nada, repite mañana el mismo ejercicio.

Recuerda que el secreto es no desesperar y confiar en tu voluntad de volver a hacerlo.

La respiración nos conecta con el presente, con el aquí y ahora. Nos permite tomar contacto con nuestra necesidad, que es la primera pista, el primer paso para tomar distancia del caos. Es una de aquellas líneas sobre las cuales debes diagramar la solución, el camino.

Fíjate en la ilustración con que representé este momento, esta imagen simboliza mi caos primordial. ¿Qué ves allí?

Hay colores, hay formas, líneas. ¿Qué te despiertan los colores que estás contemplando? ¿Logras identificar qué parte de tu cuerpo vibra con esta imagen? ¿Logras identificar alguna emoción? ¿Algún pensamiento?

En el espacio en blanco que tienes a continuación de la imagen, te invito a que manifiestes allí tu caos. Siéntete libre de expresar lo que sea. No esperes nada de tu caos, el caos es simplemente eso, caos... Es lo que es. Permítete expresarlo con la inocencia de un niño.

Una vez que hayas usado este espacio en blanco, y el diseño se presente frente a ti, te pido que lo observes desde el NO juicio.

Cuando un niño llega de la escuela con ese garabato que representa a papá o a mamá, lo hace orgulloso de lo que hizo, con la osadía de no considerar una evaluación. Esa actitud, que seguramente aún reside en algún lugar de ti, es la que guiará este proceso.

Esa actitud ingenua, que remite a la falta de experiencia, como tal, solo puede sostenerse en la confianza. Una *confianza básica*, sobre la cual puede crecer cualquier realidad.

Rebobinemos unos minutos...

Seguramente comenzaste esta lectura sin saber a qué te enfrentabas. Puede haber sucedido que estas letras te dieran la sensación de estar parado en medio de un berenjenal. Ojalá que así sea.

Te ofrecí un espacio en blanco, que seguramente aumentó tu ansiedad. Esta ansiedad fue el motor que movió tu mano, que coloreó, escribió, rayó, intentando representar esa emoción inexplicable del proceso creativo.

El caos quedó materializado en esa hermosa expresión gráfica que generaste.

Entonces observa tu caos, no el que yo garabateé para ti.

¿Qué remanentes quedaron? ¿Qué sacaste en claro? Si aún no hay algo claro, no desesperes, estoy segura de que una semilla quedó, por más pequeña e imperceptible que parezca ahora, una promesa espera ser llevada a cabo.

A la energía que te empujó a la acción la llamamos *fuego sagrado de la creación*, es la que mañana se encargará de retomar aquella promesa.

Retomando mi experiencia, observo mi espacio: tintas, acuarelas, cartón, papeles, computadoras, a mi espalda mis bibliotecas en que me apoyo continuamente; vestigios del caos que aún no tiene un orden y que incluso así se va encauzando.

Así me encuentro... confiando, soltando, como si fuera un experto nadador y me entregara a hacer la plancha.

Me parece necesario puntualizar que cuando hablo de confiar y de soltar, me refiero al reconocimiento de la fuerza vital, del impulso y pulso de la vida, que necesita ser, y que en el momento indicado nos hará hacer.

Reconozco en esta actitud la inocencia de dejarme empujar por esta fuerza que no me pertenece, y a su vez me concierne, que es la vida misma. Yo, pulsando a través de ella, y ella, pulsando a través de mí. Como dice Gibran Jalil Gibran: *anhelo de la vida, ansiosa por perpetuarse*.

Estas ansias de mantenerse, de conservar la vida, no como supervivencia sino como fuerza que va hacia adelante, que embiste, que conquista; estas ansias remiten a la voluntad.

Te invito a verte como una chispa de *voluntad divina*. Eres parte de ella y una parte de ella es tuya.

Como viajeros, hemos guardado en nuestra mochila el caos de la incertidumbre, del comienzo, el miedo a abandonar lo conocido, la alegría de la inocencia, las ansias de explorar, la sorpresa y, sobre todo, la creatividad.

¡Bienvenidos a este viaje de proponernos ser creativos ante la vida!

Al igual que un artista se para ante ese lienzo en blanco, ante la ansiedad de hacer algo con eso, y el miedo de no poder volver atrás, nosotros, hombres y mujeres, artistas de la vida, nos enfrentamos a la posibilidad de tomar estas páginas en blanco y escribir nuestra propia trama.

El caos deviene de la contradicción, de la tensión entre partes que parece imposible de resolver.

La creatividad, como capacidad humana, es la respuesta a dicha tensión, es el establecimiento de un nuevo orden. Te desafío a que hagas el ejercicio de recordar las veces en que tuviste que improvisar una solución. Puede ser la última vez que no sabías qué cocinar e improvisaste algo con lo que tenías en la heladera; o cuando, ya cansado de dar la misma respuesta a los mismos problemas, te dispusiste a intentar algo diferente.

Ya lo dijo Einstein: *la definición de la locura es hacer la misma cosa una y otra vez esperando obtener diferentes resultados.*

El caos se materializa en la vida cotidiana en esos momentos en que creemos *tocar fondo*. Ese momento es el ideal para elegir otro color, otro tipo de letra, otra melodía, otro discurso, ese es el momento de ser creativos, de improvisar otra respuesta.

Esto es lo que ofrece el caos: la posibilidad de volver a comenzar.

Me imagino una estantería alta y llena de cosas, que se han caído. Esa situación caótica me da la chance de ver qué puedo dejar fuera de la estantería, cómo puedo reforzar los tornillos que la aseguran a la pared, cómo puedo remendar la pared, etc.

Por esta razón, la ebullición del caos hay que aprovecharla en su esplendor. Como la masa con levadura, que si no es procesada en el momento justo, se pudre. La energía que implica el caos es energía en bruto, energía con potencialidad, energía que se pudre si no es transmutada en acción.

En este paso del proceso, que he denominado *El Viajero*, no hay nada que esperar, este momento es pura experiencia, y lo que hará que esto cambie será que entres en acción con tu voluntad.

Emprender

II

Emprender

El primer paso no te lleva adonde quieras ir,
pero te saca de donde estás.

Anónimo

Este es el segundo estado o paso dentro de estos veintidós momentos que nos llevarán a la culminación del ciclo.

¿Recuerdas la ilustración del capítulo anterior? Ese caos del principio parece indescifrable, ¿verdad?

Detente ahora unos minutos en la imagen que representa esta segunda instancia. Una vez que logres trascender el choque que genera la gran diferencia entre ellas, fíjate en los elementos que tienen en común. Ambas presentan los mismos colores, las mismas líneas, los mismos puntos, solo he agregado un elemento: el orden.

Retomemos el ejemplo del supermercado. A grandes rasgos, vemos una superficie con gran variedad de elementos. La simple observación nos lleva a esa conclusión, pero si agregamos el factor orden aparecerán ante nosotros diversas categorías. Los productos de limpieza, del hogar y personal, comestibles, productos de primera necesidad, herramientas, la góndola infantil que a su vez se divide en útiles escolares y juguetes, la ropa, femenina, masculina e infantil, los productos que requieren refrigeración... También pueden aparecer en un espacio común los productos más caros, bebidas alcohólicas, las picadas, etc. Cuando estamos sumergidos en el caos, este ejercicio justamente es el que resulta imposible realizar: pensar y observar ordenadamente.

Lograr separarnos de ese estado caótico, entender que yo no soy ese caos, esa situación que parece no tener solución. Yo tengo el poder de ordenarlo, pero antes debo tomar distancia para observar cabalmente.

Haz la prueba: elige cualquier objeto que tengas cerca, puede ser incluso este libro, y acerca el objeto a tu rostro. Seguramente notes que cuanto más cerca te encuentras del objeto, menos puedes percibirlo y apreciarlo; no solo verás menos detalles, sino que no podrás contemplar el objeto en su totalidad, no alcanzarás a ver sus límites, solo una parte de él.

Ahora hagamos un ejercicio más abstracto. Te pido que pienses en algún problema pasado, o presente, que haya significado para ti un caos, o una mala experiencia.

Bajo el calor del primer momento, seguramente eras un manojo de emociones contradictorias junto con pensamientos de todo tipo. Tu cuerpo habrá respondido a cada instante con diversas sensaciones y así habrás estado un tiempo. Como si te hubieras caído recién de una moto en movimiento. Esta es la vivencia del caos.

¿Quién no se ha sentido así alguna vez? Salgamos del terreno económico: ¿quién no se ha separado alguna vez? ¿Quién no ha perdido a alguien querido?

Puedo ordenar el caos si salgo de él, tomando conciencia de mi realidad a través de la respiración, diferenciándome.

Siendo capaz de darme cuenta de que yo no soy esa madeja de ideas danzantes.

De esto se trata esta segunda instancia que he denominado *emprender.*

La conciencia y la voluntad de sobrevivir al caos, una voluntad que conlleva orden.

Situado en el berenjenal donde estabas en el primer capítulo, ahora puedes diferenciar, reconocer ciertas semillas. Identificas ideas, emociones, deseos, logras divisar las posibilidades.

Hay un orden inminente. Volviendo al ejemplo del supermercado, sería cuando vemos los objetos que tenemos delante y evaluamos su utilidad, su provecho.

Este proceso de ordenar implica, como decíamos, diversas categorías, por lo cual es un proceso complejo. Involucra: diferenciar lo transitorio de lo permanente; lo sustancial del artificio; lo potencial de lo obsoleto, y todos los puntos medios entre un polo y otro.

El panorama incluye ruido, desecho, y también potencia y materia prima. Esta etapa consiste en ordenar toda esa información y planificar cómo seguir.

¿Recuerdas cuántas veces te digo en mi programa de TV que ordenes alguno de los cajones de tu casa?

¿Qué te parece si echas un vistazo al cajón de tu mesa de luz? Allí habitualmente guardamos cosas de valor emocional, elementos de primera necesidad, como un remedio o una linterna, habrá quien guarde un arma, el papel del bombón que te comiste en una noche de desvelo, dinero, la carta de tu primer amor. Desde el preservativo hasta la pastilla anticonceptiva. Tal vez tengas tu libreta de los sueños, el libro de cabecera (ya sea la Biblia o *El manifiesto comunista*), perfumes, joyas, recibos para pagar. Yo tengo piedras en mi mesa de luz, el primer escarpín de cada uno de mis sobrinos, reliquias familiares. Te invito a vaciar el cajón arriba de la mesa y observar... Cuánto desecho hay allí, ¿verdad?

En ese desorden se encuentra todo tu universo: tus ideas o ideales: en el libro, en tu libreta de anotaciones, en el papel en blanco y el lápiz, por si se te ocurre algo; tus emociones en las fotos, en la carta de tus amores, en los escarpines, en el suvenir del cumpleaños de tu nieta. Tus acciones se representan en la linterna, en la caja de fósforos, en la eventual arma, en el preservativo y la pastilla. Tu materialidad la verás en el dinero, en las facturas pagas o impagas, en los medicamentos, en las piedras, en la joyas.

Con todo tu universo delante de ti, comencemos ahora a ordenar.

Hazte una foto mental de cómo quedaron ordenados los objetos sobre la mesa, porque muy pronto tendrán que volver al cajón, pero ordenados.

El objeto que decidas conservar en el cajón ya no será el mismo que hace unos minutos sacaste y observaste. Habrás revisado su historia, habrás tomado contacto con todo lo que ese objeto significa para ti, y si has resuelto conservarlo, volverá al cajón con otro significado, otro valor.

Volverás a guardarlo en el cajón con plena conciencia de tu acción, sabiendo lo que tienes, por qué y para qué, sabiendo qué te llevó a guardar ese recuerdo.

El cajón de la mesa de luz es para mí mucho más que un espacio de guardado. Desde su materialidad, quizá sea simplemente una buena idea; un cajón junto a la cama es, sin dudas, un lugar estratégico; sin embargo, para mí es mucho más que eso.

Ese cajón es un lugar simbólico. Para empezar, se encuentra en el espacio privado de una casa, aun así vivas en un cuarto de pensión, donde los espacios no pueden delimitarse físicamente.

El cajón, de por sí, cuenta con una protección, como una suerte de amparo de la mirada ajena, queda protegido bajo un código de reserva que todos entendemos: los cajones ajenos no se abren.

Este curioso cajón guarda relación, secretamente, con tu psiquis; ambos atesoran los mismos miedos, las mismas alegrías, los mismos recuerdos, las mismas ideas. Ordenar este pequeño espacio es estar un paso más cerca de ordenar tu mundo interno.

Te invito a ver en la página 23 en forma muy abstracta y personal cómo ordené los elementos de la figura anterior. En esta imagen, como veíamos al comienzo, están los mismos colores, la misma cantidad de líneas, los mismos puntos. Sin embargo, hay algo que no existía y que ahora existe: las líneas rectas.

La línea recta es impía, planteaba Friedensreich Hundertwasser, arquitecto y artista. Este autor entendía que la línea recta, refiriéndose a la arquitectura, aleja al hombre de su medio natural.

La línea recta no es natural, no se encuentra en ningún elemento de la naturaleza, sino que es netamente una invención del hombre. Mi intervención sobre aquellos trazos caóticos de la primera figura es esencialmente humana, y responde al espíritu de este segundo momento: yo como poder activo y creador, como fuerza casi dictatorial que impone una línea en sentido diagonal y así defino y territorializo el espacio.

El medio natural es caos y es diseño divino, y yo, ser humano, también soy parte de ese orden aun desde mi intervención *despótica*. ¡Si sabremos los seres humanos de intervenciones despóticas sobre la naturaleza!

De esta manera tengo cuatro colores diferenciados, delimitados y con un orden premeditado. El rojo representa la acción, la voluntad. El amarillo son las ideas, los pensamientos, las palabras. El azul son las emociones, los sentimientos. El verde representa lo material.

De los cuatro elementos

Momento de meditación

La meditación correspondiente a este momento llamado *emprender* tiene la intención de ayudarte a conectar con tu voluntad de hacer, a lo cual he denominado *Meditación de los cuatro elementos*.

Te invito a que coloques sobre una mesa:

- una copa con agua, que representará tus emociones;
- una vela, que será tu voluntad;
- un platillo con tierra, que expresará lo material, y
- una daga o cuchillo, que simboliza tus ideas.

Tómate el tiempo necesario para contemplar estos elementos. Obsérvalos, dedica unos minutos a cada uno. Fíjate cómo es detenerte en el fuego, qué generan su movimiento, sus colores.

¿Qué sucede con el agua?, ¿cómo es para ti? ¿La tierra y la daga, qué pensamientos o emociones o recuerdos despiertan? ¿Cómo ordenaste la mesa? ¿Cuál fue la dimensión, el espacio que le diste a cada objeto? ¿Cuál seleccionaste primero?

En este proceso nada es azaroso; por eso insisto en que observes y te observes en una suerte de doble atención. Recuerda que la idea es que observes la escena –tú también formas parte de ella–, no intentes interpretarla.

Este será el primer paso para emprender, observar el panorama, ordenarlo para asimilarlo mejor, poner las cartas sobre la mesa.

Tienes los elementos que constituyen el universo frente a ti, sobre la mesa. ¡Hay tanta potencialidad en ese pequeño espacio!

Sin embargo, esos elementos por sí solos no harán nada. Ahora hace falta que entre en juego el quinto elemento: tú.

¿Hacia dónde irás? Tendrás que seguir leyendo...

Secreto

III

Secreto

Si se quiere y no se sabe,
el deseo quedará frustrado.

SALLIE NICHOLS, *JUNG*

Comenzamos este viaje tomando contacto con el caos y con la desorientación característica de todo comienzo. Una vez atravesado y sobrevivido al caos, logramos identificar y ordenar ciertas partes o elementos.

Tomamos distancia del desorden a partir de la acción encaminada a reconocer estos elementos.

Ahora, sin perder de vista el trayecto que hemos recorrido, nos disponemos a ingresar a una nueva instancia...

Una vez identificados y ordenados los elementos, necesitamos saber qué hacer con ellos. ¿Cómo pueden combinarse?, ¿cómo se afectan unos a otros?, ¿cuál es la naturaleza de cada uno?, ¿qué producto obtendré finalmente?

Agua con tierra... tierra con fuego... aire con agua... agua, tierra y fuego... agua, tierra, fuego y aire. Todo en el gran recipiente que llamamos universo, a disposición de los procesos físicos y químicos que regulan este gran sistema.

Las leyes de estos procesos puedes verlas también en un sistema que tienes al alcance de tu mano y con el cual convives cotidianamente.

Me refiero a tu cocina, en la cual estas leyes son traducidas en recetas. Imagínate que te dispones a cocinar un arroz con leche; presentas en la mesa todos los elementos que vas a necesitar. Tienes arroz, azúcar, leche, ralladura de limón, vainilla, y por otro lado tienes la olla, una taza, una cuchara de madera y una cucharita. ¿Qué puedes hacer con todos esos elementos si no cuentas con los pasos a seguir?

La receta es tan importante como esos objetos, es el guion que posibilita la obra, es el secreto.

Todo está allí: los elementos separados, la vieja receta de la abuela, el recipiente y todos los procesos que van a posibilitar el resultado. Ese proceso es justamente secreto, silencioso e íntimo. ¿Te acuerdas del experimento de la escuela que consistía en hacer un germinador?

El experimento consta de semillas, algodón o tierra, agua, un recipiente de vidrio, un ambiente específico que implica la presencia de luz y temperatura, y tú. Al cabo de un par de días, ¡*voilà*!, aparecían los brotes, la planta.

¿Cómo de aquellos elementos que hacía tres o cuatro días habías dejado en un recipiente hoy surge una planta? ¿Recuerdas cómo te maravillaste? ¿Le diste una tonalidad mágica, o ya alguien te había explicado cómo sucedía? ¿Te habían revelado el secreto?

El secreto es lo que sucede en el interior de la semilla, es lo que no podemos ver, es misterio ante nuestros ojos. La planta, el brote, es lo que puede ser capturado por la conciencia, es el resultado.

La esencia de este capítulo corresponde a ese misterio, al conocimiento intuitivo y por lo tanto inconsciente que todos conservamos.

Este conocimiento se hace carne y pasa al plano de la conciencia a través de nuestros deseos, de nuestros pensamientos y sensaciones.

Este saber es secreto justamente porque no es consciente; lo consciente serán las conclusiones.

Si bien la receta resuelve el problema del proceso, al otorgarnos los pasos a seguir, instala otro problema, que es el de la *libertad*.

Al contar con una receta, ya sea que te permita hacer el mejor arroz con leche, la verdad es que solo conocerás un tipo de arroz con leche, una manera de hacerlo, y por ende un solo resultado.

Las recetas que no son revisadas, que no son leídas con una visión crítica (que no significa criticona), pueden convertirse en mandatos que coarten la libertad, la posibilidad de realizar otras recetas con los mismos ingredientes, de encontrar otras formas de llegar al mismo resultado o a un resultado muy diferente.

Te invito a que reveas tus recetas, que las desmenuces, que las pongas en duda. Si una vez cuestionadas decides conscientemente conservarlas, pues bienvenidas, y si no es el caso, tienes toda la libertad de modificarlas, de transformarlas. Puedes probar con otras medidas, con otros condimentos, con otro orden. Las recetas constituyen el conocimiento a partir del cual puedes jugar y experimentar a tu antojo.

Muchos de nosotros nos dejamos llevar por mandatos familiares, formas que no nos animamos a cambiar ni a cuestionar, esa receta que pasó de generación en generación y que no tenemos ni idea por qué se hace así. Frente a los mismos ingredientes, nos encontramos utilizando la misma receta que no nos pertenece.

En esta instancia, que he denominado *El secreto*, tienes la posibilidad de crear tu propia receta. Este es uno de los momentos más íntimos de este camino que ilustro en veintidós pasos, es el momento que representa el contacto con tus secretos, tus miedos, tu intuición, tus percepciones.

Para acercarnos a la complejidad que implica este momento, basémonos en la ilustración que encontrarás al principio del capítulo.

Como verás, a grandes rasgos, el color preponderante es el azul. Este color, asociado al mar y al cielo, transmite la idea de calma, de confianza, de armonía.

Por otro lado, es asociado a lo frío y lejano. Tan distante y mágico, el azul nos sumerge en una especie de trance. Nos remite a la conexión con nuestra noche, es decir con nuestra intuición, la cual será nuestra guía.

También podrás apreciar un color amarillo intenso que rodea la cúpula. El amarillo simboliza el plano mental, por lo cual esta sección de la ilustración nos habla de una energía intuitiva dirigida a la conciencia.

Desde lo superficial hasta los detalles, todo en esta imagen apunta a la idea de puertas y pasajes. Visualmente puede dar una impresión de túnel.

La cúpula celeste entre dos columnas, erguida hasta el cielo, parecería ser la entrada a un lugar misterioso... ¿Qué encontraremos del otro lado?

En el centro se encuentra una forma de *vesica piscis* ("vejiga de pez" en latín) que representa el portal que une dos mundos, para reforzar la idea de transición.

Esta forma es posible asociarla también a una vagina, lo cual otorga una nueva dimensión a la idea de pasaje, a la vez que lo complejiza. La vagina simboliza el secreto y el velo que lo protege del afuera, y también la capacidad de contener y de ser fecundado. Vemos entonces lo terrenal y lo espiritual, la conciencia y la inconciencia, el adentro y el afuera, a la manera de dos territorios conectados por un espacio neutral.

Este capítulo está dedicado a ese espacio, tan ínfimo y sin embargo tan esencial en todo proceso. Ya sea en su forma física, emocional o psíquica, este lugar podrá ser atravesado o no, aunque nunca podremos permanecer en él, ya que es un lugar de paso.

Conectar con el poder

Nos disponemos a meditar

Te invito a tomarte un momento para la meditación, te ayudará a contactar con la esencia de este tercer momento.

Presta atención a tu postura: pies en el piso, columna recta y no tensa. Respiración profunda y consciente, que te ayuda a concentrarte en el presente.

Luego de observar la imagen, a tu tiempo y sin apuros, te pido que intentes despojarte de toda interpretación y prejuicios. Concéntrate en el presente, en tu entorno, ¿qué información recibes de tus sentidos?

Sin interpretar, haz un repaso de las áreas de tu vida, solo para tomar contacto con tu momento actual, manteniendo una actitud contemplativa.

Retomemos el paso anterior, que era separar los elementos. Parado frente a ellos, ¿qué podrías hacer con eso ahora? ¿Qué se te ocurre?, ¿qué elementos utilizarías y cuáles descartarías?

Te recuerdo lo que hay delante de ti: agua, representando las emociones; un lápiz y papel, figurando tus ideas; el fuego, que simboliza tu voluntad y pasión, y el platillo con tierra, que alude a la realidad, al plano material.

¿Cuál de estos ingredientes utilizarías primero? Seguramente haya uno que más atraiga tu atención. En ese caso confía en tu intuición y toma contacto con él. Quizá te dispongas a dibujar, te quedes contemplando el fuego, observando qué genera en ti, tal vez te surja la necesidad de jugar con la tierra, mojarla y armar algo, puede que prefieras el agua.

El objetivo de esta meditación es que te entregues a la contemplación, a la paciencia, y confíes en que sabrás qué hacer con cada uno de esos elementos. La confianza será crucial en esta instancia.

Confianza y paciencia te otorgarán la capacidad de entregarte al ejercicio introspectivo, tan necesario antes de pasar al acto.

Además, en este punto es necesario aclarar el aspecto negativo, o peligro, que corremos en este tercer momento: si no atravesamos este lugar, este marco, corremos el riesgo de quedarnos anclados.

Supongamos que debes tomar una decisión, ya sea laboral, amorosa o de otra índole. Este momento implicaría tomar contacto con tu sabiduría, con tu intuición, con tu conocimiento inconsciente. Una forma de quedarte estancado sería que no pudieras salir de la reflexión y permanecieras en una actitud pasiva, sin poder pasar a la acción de forma consciente.

Este peligro no solo se aplica al conocimiento personal y a la reflexión como práctica individual. Pensemos en un científico, en un erudito o un estudioso de alguna disciplina, que permanece en una actitud intelectual, acumulando teoría, sin compartir ese saber con otros.

El conocimiento en favor del mundo, de la realidad externa, es una herramienta de valor inconmensurable. Es lo que ha permitido al hombre sobrevivir, aprendiendo a anticiparse y a *controlar* su entorno.

Recetas viejas y recetas nuevas configuran el conocimiento. El momento de reflexión que nos lleva a revisarlas está dotado de sabiduría, de paciencia; implica el contraste entre el conocimiento que me fue heredado y el conocimiento que yo mismo he ido construyendo.

Este momento representa a la madre de todo, simboliza la capacidad de acunar. Recuerda que puedes cobijar no solo a un hijo, puedes acunar un proyecto, un deseo, una idea que quieras llevar adelante. Supongamos que ese proyecto sea independizarte, terminar tu carrera, comenzar tu propia empresa.

La enseñanza de este capítulo es posicionarte a ti mismo como el terreno fértil, aquel algodón mojado donde germinarán las semillas de tus proyectos. Me parece fundamental expresarte que eres tierra virgen y fértil que tú mismo eres capaz de fecundar.

La descripción de estos procesos tan complejos y tan humanos en forma de momentos corresponde a mi intención de mostrarte en forma de secuencia los diversos estados que vamos transitando sin darnos cuenta.

El desorden, el orden y el saber son etapas que podemos atravesar muchas veces durante el día y en cuestión de minutos, de la misma manera que se presentan a lo largo de la vida y perduran durante lapsos más largos.

Podrás ver que estos tres primeros capítulos van de la mano, y resulta realmente difícil separarlos; sin embargo, cada uno tiene una esencia específica y sumamente rica.

Hasta aquí los tres primeros pasos se separan y encadenan a la vez, para dar paso a un cuarto momento...

Desarrollo

IV

Desarrollo

Es... la fuerza motriz gracias a la cual vive todo cuanto vive.

Gérard van Rijnberk

Este capítulo estará centrado en el resultado alcanzado en este proceso que venimos describiendo. Si nos limitamos al ejemplo del germinador, esta instancia estaría dedicada al brote de la planta, al resultado visible.

El desarrollo nace del emprender y del secreto, aunque conserva vestigios del caos. Ten en cuenta que en cada paso que alcanzamos se encuentran presentes los otros pasos que hemos superado, como en todo proceso. La experiencia ganada en cada instancia se suma y enriquece la obtenida en la anterior. Por eso el conocimiento es una construcción; sería imposible determinar el punto de inicio y el punto final.

De esta manera, de la unión sagrada de los pasos anteriores, surge una energía creativa, irreverente y sin límites. De la sensación de desasosiego del caos, la cual te llevó a moverte, a salir de tu lugar, surgió la necesidad de ordenar toda esa información discordante.

Una vez ordenado el panorama, acudiste a tu intuición, al encuentro contigo mismo para diseñar una receta que te permitiera alcanzar el resultado esperado. Actualmente tu proyecto ya ha tomado una forma y se encuentra exuberante, en pleno desarrollo.

Como mencionamos anteriormente, este paso es producto de los dos anteriores, y con él se concilia una suerte de trinidad. Voluntad y saber dan lugar al desarrollo. En su origen etimológico, *trinidad* refiere a la "unión de tres", y configura un concepto empleado en el cristianismo que alude a las tres dimensiones de Dios: Padre, Hijo y Espíritu Santo. El concepto de una *tríada divina* también se presenta en el hinduismo, compuesto por Shiva, Visnú y Brahmá. Como vemos, la idea de trinidad alude a la imposibilidad de separar o disgregar las partes que configuran una unidad. De la misma manera:

La voluntad, el saber y el desarrollo son inseparables.

Observando la imagen perteneciente a este capítulo encontrarás mi interpretación de este momento: explosión de color, manifiesto de alegría; las líneas femeninas insinúan curvas que pasean por todos los elementos.

Aún quedan vestigios del caos; sin embargo, si miras con detenimiento, encontrarás los cuatro elementos bien definidos: el azul responde a las emociones, el rojo a la pasión, el amarillo a las ideas, el verde a la materia.

Puedes apreciar todas las dimensiones humanas en una atractiva armonía, cual danza que invita al movimiento y que nos conecta con nuestra capacidad creativa. La pequeña semilla en el centro de la imagen se asemeja a un embrión del cual no sabemos qué pueda surgir; en cambio, la unión del amarillo con el verde nos da la pauta de que esa potencialidad se materializa.

Los límites son marcados por el azul, que simboliza a la madre, y el rojo, que representa al padre. Toda realidad cuenta con padres espirituales y padres terrenales, o, si prefieres, unos padres ideales y unos que materializan, que no necesariamente son individuos diferentes. Por ejemplo: un proyecto laboral, una idea que surge, y que en principio parece brillante, debe contar con un terreno fértil donde generarla y nutrirla, y también con una voluntad que la materialice y la lleve a cabo.

En este caso, tú mismo representas a ambos padres: los espirituales y los materiales. Los dos pares de padres cuentan con la intuición de la energía femenina y la voluntad de la energía masculina; se diferencian en que los primeros gestan la idea, mientras que los segundos gestan el proyecto material.

Habrás notado que desde el comienzo de este proceso he utilizado colores primarios; el resto de los tonos han surgido de la fusión de los primeros.

La magia de la acuarela generó un color carne, que representa la realidad, dando vida a casi un 30 % de esta imagen. Es un tono que aparece por primera vez en la *vesica piscis* del secreto, y ahora se presenta en gran parte de la superficie, ya que en este momento la energía en movimiento ha tomado forma, se ha hecho tangible.

Hay una evolución que se denota en la ilustración y un correlato entre lo que sucede con los colores y el desarrollo conceptual.

Para terminar, la falta de límites definidos nos habla de una suerte de desborde, lo cual es un elemento característico de este momento. La imagen que mejor refleja esta instancia es la selva. La vegetación en constante crecimiento, sin límites ni control.

Capacidad creativa

¿Vamos a meditar?

Una vez observada la imagen y habiendo tomado contacto con su profundidad a través del análisis, te invito a que te dispongas para la meditación de este capítulo.

El objetivo es invitarte al desborde, a explorar tus límites físicos, permitirte *desacatarte* y ver cómo se siente eso.

Prepara un espacio despejado donde puedas moverte con comodidad, con los pies descalzos y el pelo suelto. Ropa cómoda. Puedes prender un incienso que te guste, o generar de alguna u otra manera el aroma que tengas ganas de percibir, un aroma que te agrade y que te ayude a sentirte libre, atractivo, sensual.

La música será fundamental para que puedas llevar a cabo esta meditación en movimiento. Te sugiero que sea un ritmo en que predomine la percusión, con sonidos que aludan a la naturaleza. La marcación del tempo en manos del tambor te ayudará a tomar contacto con la tierra y con su pulso.

Procura dibujar con tus caderas las curvas del dibujo, explora tus límites e intenta ir un poco más allá, permítete un poco de locura. Suéltate sin vergüenza, observa la hermosa persona que eres sin que tu mente te diga lo contrario. Si aparece alguna orden o algún pensamiento hostil, te pido que intentes ignorarlo, no te enrosques, simplemente son tus resistencias a probar algo nuevo. Es lógico que te sientas extraño, pero observa todo lo que eres capaz de ser y sentir, toda tu capacidad de ser creativo y que el dominio de la razón ha dejado al margen.

Seguramente empieces a sentir calor debido al movimiento; la temperatura en aumento habla de tu cuerpo preparándose para la actividad, y justamente la acción constituye la esencia de este capítulo.

De a poco, el movimiento va siendo más lento, vas apaciguando la energía hasta quedar en reposo nuevamente. Concéntrate en este cambio, en el proceso de pasar al movimiento y volver a la calma. Habrás notado la dificultad de entregarte a la energía desbordante y luego salir de ella. Ese pico de energía que habrá estado acompañado de calor, de latidos apurados, de alegría, de incomodidad también, es el empuje que va hacia adelante, hacia la vida. Como el brote que ha salido a la superficie, tu energía y tu acción también lo han hecho.

Ese alboroto con el cual has tomado contacto es la fibra, es la esencia de este capítulo denominado *Desarrollo*.

Es creatividad y alegría, es acción dirigida a la abundancia. Refiere a la atracción que ejerce la flor sobre los insectos polinizadores, garantizando su existencia.

En este punto del proceso estás produciendo sin parar, te encuentras en un momento de esplendor, atrayendo las posibilidades, nuevos horizontes, buenos resultados. Puede que en este momento también ofrezcas oportunidades a otros.

Me imagino un empleado que ha decidido emprender su propia empresa. Quizá se encontraba disconforme en su posición y en sus circunstancias laborales; esto lo condujo a un momento crítico por el cual entendió que debía realizar cambios. Puso orden en su realidad según los pros y contras de llevar a cabo su propia empresa: qué gana, qué pierde, cómo se sentiría cómodo. Y una vez transitado el miedo, la cautela y el cuidado, se dispone a pasar al acto, toma el riesgo.

Este capítulo reflejaría el punto en cual su propia empresa comienza a crecer, por lo cual necesita de más empleados, de más materia prima, para conquistar nuevos horizontes.

Como sugerían los límites difusos de la ilustración, el aspecto negativo de este paso es el exceso y el desborde. De esta manera, la persona del ejemplo puede entrar en un círculo donde el objetivo sea meramente generar, y se desgaste a sí mismo, a sus empleados y pierda un objetivo que otorgue estructura.

Este individuo ya no trabajaría por el dinero como fin, sino por el mero trabajo. El peligro de estancarse en este momento es el desgaste de producir por producir.

Trayendo a colación una historia personal que tiene que ver justamente con este paso, en el frente de mi casa hace muchos años planté una santa Rita. Era una tierra muy fértil, en pocas semanas el árbol tomó proporciones asombrosas. *Se fue en vicio*, me comentaban personas entendidas. La planta rebelde y abundante había comenzado a tomar la casa de al lado; yo no podía controlar su crecimiento, no había tomado las medidas adecuadas a su momento; la santa Rita alcanzó una altura que supera cualquier escalera. Lo ideal hubiese sido ponerle un límite antes de su desborde.

Para que este desborde tenga un propósito funcional hará falta que se ordene nuevamente. Te invito a comenzar el paso siguiente...

Estabilidad

V

Estabilidad

La piqueta fatal del progreso.

Víctor Soliño

Partiendo de la idea de construcción y evolución que plantea esta secuencia de pasos, debemos decir que el próximo surge como respuesta al desborde de la etapa anterior, que podría habernos llevado a la destrucción.

Este momento, que he denominado *estabilidad*, refiere al control, al orden y a la mesura. Muestra una evolución respecto del capítulo *Emprender*, en el cual también primaba el orden.

En este paso el orden está dirigido al control y al dominio. En ambos momentos vemos una predominancia de la voluntad que se vincula con la energía masculina al tratarse de una acción dirigida a un propósito. Te invito a observar la imagen correspondiente a este paso.

Verás que la multiplicidad de colores continúa presente, aunque dispuesta de una nueva manera. El uso de la línea recta y la figura geométrica del cuadrado aluden e intensifican la idea de estabilidad, de control y demarcación, opuesta al desborde de la figura anterior. Estos elementos, sumados al color rojo, sugieren la idea de energía, fuerza y vigor, nos hablan de un intento consciente y activo de dominio.

El cuadrado rojo intenso indica que una gran voluntad está presente en esta instancia.

Los cuatro colores representan los cuatro elementos y se presentan amurallando y sosteniendo este sitio. Por fuera vemos el color carne; simboliza la realidad y apareció por primera vez en *El secreto*, se desplegó en *Desarrollo* y en esta instancia configura el marco que lo sostiene.

Comparar la imagen anterior y esta es como comparar la selva y la ciudad. El presente paso representa el concreto que frena el crecimiento desmedido del desarrollo, es la acción del ser humano delimitando, territorializando y haciendo respetar sus límites. Podemos hablar de dos voluntades en pugna, la humana y la de la naturaleza; ambas movidas por la conquista. La voluntad de la naturaleza, representada en el desborde, y la voluntad humana, representada en la línea recta, en el límite. La ciudad inca Machu Picchu es un ejemplo de este escenario. Hasta que el hombre estuvo presente para garantizar los límites de ese lugar, ambas voluntades convivían en equilibrio; en cambio, cuando ya no fue así, la selva terminó por absorber a la ciudad. Posteriormente, el ser humano tuvo que desmalezar para descubrir la antigua ciudad.

Conectar con la voluntad

Llegó el momento de meditar...

El objetivo de la meditación de este paso consiste en conectar con la fuerza del color rojo. El color del fuego y la sangre, del vigor y la fuerza. Se trata de tomar contacto con lo que significa la voluntad para ti.

Como siempre, te pido que tomes asiento y prestes atención a tu postura. Mantén los pies apoyados en el piso, y una vez cómodo comienza a respirar de manera consciente, entregándote a la experiencia de la meditación.

Comienza imaginando un día soleado. Frente a ti hay un cómodo y fuerte sillón color marrón, con un gran respaldo y grandes posabrazos decorados con símbolos de poder. Quizá identifiques el poder con el equipo de tus amores, con una flor, o con algún animal, tú sabrás. Paso a paso te acercas y tomas asiento.

Asegúrate de que tus pies se planten firmes sobre la tierra, que tus manos se encuentren descansadas y también atentas. La espalda recta se apoya firmemente sobre el respaldo. ¿Qué tal te queda el sillón? ¿Condice con tu tamaño? Fíjate si quedó grande o pequeño respecto de tus proporciones.

Frente a ti, aproximadamente a cuatro metros de dis-Çtancia, hay una inmensa selva virgen. Es tan extensa que no alcanzas a ver sus límites. Es pleno día y aun así el sol no logra penetrar en la selva, salvo algún rayo de luz que alcanza a sortear tanta vegetación. Sobre tu lado izquierdo observas una enredadera gigante, con hojas muy grandes de un verde vibrante. Si te detienes a observar, logras ver cómo esta crece, se mueve frente a tus ojos.

A tu derecha se abre una flor de color rojo, elegante y poderosa. Sientes el olor a tierra húmeda, el calor, los sonidos de los pájaros, de las ramas que se quiebran, de animales irreconocibles, de insectos, tal vez alguna abeja, el zumbido de los mosquitos, algo que se mueve entre la maleza y que no logras identificar.

La selva crece y te invade, sientes que los cuatro metros ya no existen... Continúa avanzando con sus olores, sus sonidos. El calor húmedo y sofocante se incrementa, percibes una sensación de invasión a través de todos tus sentidos.

La sombra de la vegetación comienza a rozar tus pies y, de esta manera, la sombra y la luz generan la idea de dos territorios en tensión.

Tal vez hasta este punto sea agradable para ti este acercamiento; sin embargo, la experiencia se torna desagradable cuando los insectos comienzan a tocar tu piel. Zumban en tus oídos, te pican, alguna rama hiere levemente tu brazo.

Frente al avance de la selva debes trazar una línea imaginaria, un límite, como si levantaras una pared gigante de cristal que se opone a este avance. La selva no te puede envolver, debes levantar esa pared y afirmarla como quien arma una gran muralla.

En este momento te encuentras dentro de un gran cubo que tú has construido y donde nada puede invadirte ni perturbarte. Puedes conformarte con ese espacio o ampliarlo, dependiendo de lo que necesites. Dentro de este espacio eres el amo, dueño y señor, tienes el control y nada puede enfrentarse a tu magnífico poder.

Antes de retirarnos, y de una forma mágica, robarás el color rojo de la flor gigante y teñirás este lugar de rojo.

Lo que espero con esta meditación es que observes tu poder, y hagas a un lado el temor y la inseguridad. Eres capaz de poner límites, de tomar distancia del desborde de tu entorno de una manera activa y consciente.

Habrás observado durante la meditación el momento en que el límite se hizo necesario. Tal vez el simple avance de la selva ya alcanzó para delimitar tu territorio, o esta acción se hizo urgente cuando los insectos transgredieron la frontera de tu piel.

La necesidad de límites no responde a una ley universal, sino que eres tú quien hará uso de ese derecho.

¿Cuántas veces te has sentido arrastrado por la voluntad de los demás? ¿Cuántas veces has sentido miedo de defender tus necesidades y deseos? Puede que por temor a las represalias o al abandono no te sientas capaz de marcar límites a los demás.

Este capítulo nos habla de la importancia del metro cuadrado que siempre te nombro. La piel configura la primera frontera de contacto con el afuera, que será más o menos permeable dependiendo de cada uno y de cada situación. La distancia entre esta frontera y el otro dependerá de tu necesidad y tu deseo.

Por ejemplo, es muy diferente que tu pareja tome contacto con tu piel a que un extraño lo haga. Trascendiendo el plano físico, imagina que un amigo absorto en sus problemas te llama varias veces al día, te pide ayuda, se presenta en tu casa sin avisar. Seguramente toleres esta situación por un tiempo, hasta que surja en ti la necesidad de apartarte, de frenar ese avance y ordenar la situación. Ahora supongamos que esa actitud invasiva ocurre con un nuevo compañero de trabajo, con quien aún no tienes un vínculo de confianza. El límite que impongas a cada uno de ellos será diferente.

Los límites se vinculan con el cuidado y también se relacionan con el amor. Los padres y educadores entenderán a lo que me refiero.

Al igual que las instancias anteriores, el presente paso también cuenta con un aspecto negativo: la falta de límites y el límite excesivo.

El dominio y el control, si bien son necesarios para mantener el orden y evitar desgastes y abusos, una vez asumidos de forma caprichosa pueden reflejarse en una actitud intolerante. Una persona que vive de esta manera convierte la estabilidad en rigidez; así todo es juzgable, adaptable a criterios fijos, todo es medible. En su pequeño mundo controlable las personas son buenas o malas, la realidad es blanca o negra.

Otro aspecto negativo se traduce en el ser materialista, en la excesiva practicidad que nos puede llevar a abusar de otros, ignorando el desgaste ajeno, sacando beneficios de los demás sin marcar un límite que cuide al otro.

El *desarrollo* y la *estabilidad* constituyen una suerte de matrimonio al tratarse de una unión afianzada. El equilibrio entre la ebullición creadora y el orden garantiza el éxito de todo proyecto, ya que son energías complementarias.

Quizá puedas tener la sensación de que con este paso hemos alcanzado un estado óptimo; en cambio, queda mucho por recorrer...

Conocimiento

VI

Conocimiento

El conocimiento es poder.

Francis Bacon

El conocimiento os hará libres.

Sócrates

El momento que comenzaremos a transitar ahora gira en torno al conocimiento, y es un buen momento para repasar el camino que hemos recorrido hasta ahora, refrescando lo aprendido.

Juntos hemos partido desde el caos y allí fuimos capaces de ver que siempre hay una solución, que al alcance de nuestra mano hay un camino potencial.

La creatividad se instaló, entonces, como vehículo para visualizar las oportunidades.

Con ese conocimiento inicial arribamos al segundo paso, en el cual tomamos las riendas y nos dedicamos a observar los residuos del caos anterior. Allí nos ocupamos de ordenar, de observar las partes que componen la realidad y comprender que podemos tomar distancia del caos a través del orden y de nuestra voluntad de hacer algo con ello. Ya no somos víctimas de nuestras circunstancias.

Una vez obtenida la creatividad y la voluntad, el tercer momento nos brindó la receta, los pasos a seguir para crear algo específico a partir de los elementos separados.

En el cuarto paso tomamos contacto con el producto y con la energía creadora propia del desarrollo, con la alegría de haber alcanzado el resultado y el peligro del desgaste.

En el último capítulo aprendimos sobre la importancia del control, sobre la necesidad de equilibrar la energía desbordante con la mesura y la acción dirigida a la organización.

Como verás, el conocimiento alcanzado hasta ahora te permite autosostenerte. Cuentas con el saber espiritual obtenido en los capítulos II y III, donde aprendiste a separar y manejar, y con el saber material, que surge de los capítulos IV y V, donde encontraste las herramientas para producir y controlar. En este capítulo, en cambio, se presenta el desafío de manejar lo aprendido, y, si fuera necesario, impartir ese saber.

El conocimiento que has construido hasta ahora configura tu mayor patrimonio, es la herramienta que te hará libre y, a la vez, te dará poder.

Analicemos la imagen de este capítulo para facilitar su comprensión.

Nuevamente se presenta la línea recta, aunque más dinámica esta vez, rompiendo el estatismo del momento anterior.

La estrella, como imagen central, a diferencia del cubo, sugiere la posibilidad de movimiento; mientras esta puede girar sobre su propio eje y así trasladarse, el cubo tendría que ser arrastrado.

La estrella de cinco puntas simboliza el espíritu, ilustrada en la estrella de Belén, y al mismo tiempo es asociada al conocimiento, al maestro y a la acción de educar. La posición invertida tiene que ver con la magia negra, es decir, con el conocimiento en pos del dominio, no dirigido a la libertad.

Dentro de la estrella predominan el azul (emociones), el verde (realidad) y el amarillo (ideas), aludiendo a la idea de ciclo. La mente en interacción con las emociones, y ambas actuando sobre la realidad y viceversa. Fuera de esta, el color dominante es el rojo, que indica la presencia de la voluntad, característica de la instancia anterior. Esta vez, al no presentarse en estado puro sino matizado por los otros colores, nos da la idea de una voluntad que no es testaruda, sino que es mesurada y equilibrada, es una voluntad inteligente.

Como podrás ver, el conocimiento es el gran protagonista del presente capítulo, y es consecuencia del resultado de los pasos anteriores. Por lo tanto, es un momento de balance, de reflexión sobre el aprendizaje que has conseguido. Este saber gira en torno a ti mismo y a la injerencia que tienes sobre tu entorno y tus circunstancias; de esta manera el conocimiento se traduce en poder.

La siguiente meditación apunta a tomar contacto con tu individualidad y autonomía, con el espacio que te pertenece y, por lo tanto, sobre el cual tienes influencia.

Tu metro cuadrado

Meditemos a la luz de esto...

Acostado sobre el piso, en un lugar espacioso que te permita extenderte, te pido que prestes atención a la nueva perspectiva que te ofrece esta posición.

La gravedad te empuja hacia el suelo, y debido a esto puede que sientas tus piernas, tu cola, tu espalda con más intensidad. Lograrás mayor conciencia sobre estas partes.

Extiende tus brazos y piernas, intenta con tu cuerpo imitar la estrella de cinco puntas. Tus miembros superiores se distancian y se acercan al tronco; prueba diversos grados de amplitud. Con las palmas en ángulo recto respecto del brazo, te pido que traces imaginariamente una línea, que indica hasta dónde llegas.

Tus piernas, también extendidas, se abren y se cierran, dibujando también un límite. Fíjate cómo se siente hacer los famosos angelitos de la nieve, pero en el piso. Repite el movimiento con diferentes velocidades, siempre conscientemente, prestando atención a cómo se siente.

Disfruta de tu columna apoyada y estirada sobre el piso, siente el apoyo que te brinda la tierra.

Tu cuerpo en expansión simboliza tu autonomía, tu independencia y tu libertad.

Lentamente, con la imaginación, irás convirtiéndote en aquella estrella de cinco puntas, que según la velocidad con que se mueve cambiará de colores. En esa misma posición imagina que eres los rayos de una rueda, capaz de dirigirse a cualquier lugar. Este es tu alcance: el destino que te propongas.

Luego de la experiencia analiza: ¿qué emociones han surgido? Escoge una palabra de las tantas que aparezcan en tu conciencia.

Mi intención con esta meditación es que tomes contacto con tu verdadero espacio, aquel que lograste con la extensión de brazos y piernas.

Este momento también se caracteriza por la rebeldía, que se define como la resistencia a la autoridad. Eres rebelde porque sobre ti ya no rigen las emociones, ni la voluntad, ni las ideas ni la realidad; has trascendido estas dimensiones separadas, has logrado integrarlas y utilizarlas a través del conocimiento que posees.

A diferencia de los pasos anteriores, donde de alguna manera te encontrabas a merced de tu mundo interior, en esta instancia logras distanciarte. Eres quien transita la etapa; no eres ella, ya que no te identificas con lo que va sucediendo, pero la reconoces. En este punto eres capaz de decidir si conservas tu poder o si lo cedes a otros. El conocimiento te permite tomar esta decisión con plena conciencia.

En todas las instancias en que te reconoces como un ser diferente, estás plantado en este paso. Por ejemplo, abres tu negocio, lo nombras, lo decoras de una manera especial, le diseñas un logo. Ahora eres una marca diferenciada.

En este paso has devenido en la quinta esencia, eres el quinto elemento, quien a voluntad puede hacer uso y abuso de los elementos anteriores: mente, emoción, voluntad y realidad. En este caso, el aspecto negativo es justamente el abuso del conocimiento que se traduce en poder.

En el libro *El tarot del enigma Da Vinci*, de Caitlín Matthews, se cita un ejemplo que ilustra este abuso:

> El belicoso papa Julio II se dio cuenta de que el único camino para conseguir lo que necesitaba para sufragar sus campañas militares y sus ambiciosos proyectos de construcción era la venta de indulgencias, práctica que siguió el papa León X. Los sacerdotes autorizados recorrieron las tierras vendiendo indulgencias a los fieles, de esta manera podían comprar para sí o para otros el tiempo que había que pasar en el Purgatorio.

Te encuentras en esta instancia, teniendo conocimiento, poder y por ende consciencia de ti mismo, diferenciándote de los demás, conociendo el alcance de tus acciones y sus consecuencias. YA SABES y eso te vuelve independiente, libre y poderoso.

Elegir

VII

Elegir

La mente como una espada
divide el mundo en dos...

J. A. PORTELA

Arribamos a este paso una vez que tu conocimiento alcanzó un nivel que te permitirá individualizarte, como vimos en el paso anterior.

El conocimiento de ti mismo y tu influencia sobre el entorno te han otorgado la conciencia de que eres un ser separado, de que tienes libertad y por ende poder. Ingresas a este paso como una unidad completa y separada. ¿Cuál será el desafío ahora? Por oposición surgirá *el otro*.

Tómate unos minutos para observar la imagen que representa este momento.

La ilustración se presenta con tres formas, de tres colores bien definidos. La parte superior se encuentra teñida de amarillo, como un sol resplandeciente que todo lo ilumina. En este sentido, podemos decir que es la mente (representada en el amarillo) la que comienza a tomar protagonismo. Las ideas y la claridad mental determinan lo que sucede en el resto de la imagen.

A tu izquierda surge un color azul envuelto por una línea curva; alude en forma y color a lo femenino. Hay una necesidad de ese color de salirse de los límites, donde la acuarela hizo lo suyo, penetrando en el amarillo e invadiendo el centro de la imagen.

A tu derecha, surge una forma triangular de color rojo con líneas rectas que simboliza la energía masculina activa, invasiva y penetrante. El color rojo también ignora el límite que lo contiene, como si una fuerza invisible lo impulsara a unirse con el azul.

Dos líneas paralelas entre ambas figuras sugieren la idea de estar direccionadas entre sí; el semicírculo azul en dirección al triángulo, y este en dirección al semicírculo. Se hace visible una intención de unión de ambas partes. Para culminar, la mezcla de colores en el centro de la imagen ha generado tonos verdes y carne que aluden a la materialidad.

Pasando la ilustración a palabras, debemos decir que la mente ha dado lugar a la polaridad. De esto se trata el presente capítulo.

Como habrás notado, hasta ahora el amarillo no se había presentado de forma separada y dominante, lo cual indica que el plano mental recién ahora aparece de una forma clara, y, como consecuencia, genera efectos en las demás dimensiones.

Como indica la frase del encabezado, es la mente quien divide el mundo, la que organiza la realidad al separar, al establecer opuestos y complementarios.

Puede ser de gran ayuda ubicar esta etapa en nuestro propio desarrollo. Durante los primeros meses de vida el bebé se percibe y percibe al mundo como una sola cosa: mamá-teta-bebé, incluso podríamos decir teta-bebé. No nos concebimos como algo separado hasta que mamá-teta comienza a demorar sus respuestas frente a las demandas. Así el bebé entiende que él y su madre no son la misma cosa De esta manera, en el momento en que el niño se observa como una unidad separada, es decir que surge la idea de *yo*, en contrapartida aparece su madre como *el otro*.

Reencuentro con la meditación

La meditación correspondiente a este momento tiene por objetivo tomar contacto con la polaridad. Es un tanto diferente a lo que vengo proponiéndote, pero te pido que te des la oportunidad.

Existencia del otro

Meditación

Para comenzar es necesario que tengas cerca un lápiz y un papel.

Toma asiento en una silla frente a una mesa, porque esta meditación conlleva el ejercicio de escribir. Como siempre, una vez que tengas todo pronto, dedica unos momentos a chequear tu postura, tu disposición para la siguiente actividad.

Pies en el piso, columna recta, puedes apoyarte en el respaldo de la silla. Respiración profunda para tomar contacto con la idea que te has hecho de la polaridad.

Observa la imagen e intenta identificarte con uno de sus sectores, fíjate cuál atrae más tu atención. Puedes probar con cada sector, ve qué te genera cada uno; eso sí: debes tomar una decisión.

En este estado y con esa información toma la hoja y dóblala por la mitad. En una de las columnas que se han formado, te pido que hagas una lista de las características que consideras que te definen. Pueden ser positivas o negativas.

Una vez terminado esto, vas a escribir en la otra columna el opuesto de cada característica que has escrito en la primera. Por ejemplo, si uno de los ítems de mi lista dice *soy generosa*, en la otra columna escribiré *soy tacaña*. Recomiendo que no utilices términos como *bueno* o *malo*, son muy abstractos y totalizantes.

Presta atención a la hora de hacerlo, fíjate el grado de dificultad al momento de escribir algo sobre ti y también a la hora de escribir la oración con la polaridad opuesta a la que consideras que te define.

Mi intención con este ejercicio es que tomes contacto con la acción de elegir, que implica tomar y descartar.

Tu mente, a la hora de definirte, ha trazado una línea divisoria, separando opuestos; de esta manera te identificas con un polo y descartas el otro.

Posiblemente observes esos opuestos en otras personas que generan sentimientos particulares en ti, ya sea atracción o rechazo. Entonces reconoces una parte de ti, mientras que mantienes fuera una serie de características. Pues te tengo una noticia: lo que consideras que eres y que no eres conviven en ti.

Elegir conlleva ganar y perder. Además no solo eliges una opción, sino también el criterio que sostiene dicha elección, como una razón: emocional, intelectual, material o impulsiva. Puedes elegir lo menos malo, lo conveniente, lo deseado, lo esperado, lo que los demás esperan. En la elección se ponen en juego una diversidad de factores que hasta esta instancia no habían sido considerados, ya que *el otro* no existía. No había segunda opción.

La polaridad contiene dos dimensiones: separación y unión. Como veíamos en la imagen, la forma azul y la roja fueron separadas por el poder del amarillo; sin embargo, las flechas sugieren un movimiento de atracción entre ellas.

La unión y la separación son movimientos complementarios, uno posibilita al otro. Este movimiento se hizo presente en cada paso que fuimos recorriendo.

Si te fijas, cada paso generó la necesidad de una contraparte que otorgara un sentido de continuidad en el proceso. El capítulo II establece una suerte de matrimonio con el III, del cual ocurre el capítulo IV, como producto de esta unión. Posteriormente, y en respuesta, surge el capítulo V, y se establece otro matrimonio, del cual emerge el capítulo VI. ¿Lo ves?

En el momento en que algo se define y toma una forma acabada, surge su contraparte, surge la segunda opción, podríamos decir su complemento.

El proceso de atracción que lleva a la unión es visible en la naturaleza, y es la acción que garantiza la vida y la permanencia, opera cual si fuera de carácter químico; desde la atracción sexual, pasando por la búsqueda de luz solar que vemos en el movimiento de las plantas, hasta los propios procesos químicos. Los elementos químicos no permanecen aislados, sino que generan enlaces con otros para ser estables. Tomo el ejemplo del funcionamiento molecular como testimonio del *diseño* que nos atraviesa y del cual no somos conscientes.

Si sobre una mesa coloco varios imanes, van a tender a unirse. Existe una fuerza invisible a nuestros ojos que hace mover estas piezas. En la mitología griega encontramos esta *fuerza atractora* en el mito del Andrógino. Según este mito de Aristófanes, narrado en *El banquete* de Platón, los seres humanos éramos seres esféricos compuestos por dos pares de piernas, dos pares de brazos, dos caras y dos aparatos genitales. Estos seres se creían perfectos. Su arrogancia los motivó incluso a atentar contra los propios dioses, por lo cual Zeus los castigó dividiéndolos por la mitad, para hacer que esas dos mitades se busquen eternamente. De aquí surge la idea de *la media naranja*.

En pleno siglo XXI, la búsqueda de la otra mitad resulta no solo obsoleta, sino poco saludable. Está claro que somos naranjas enteras; sin embargo, el mito ilustra el movimiento de unión-separación mencionado anteriormente.

De esta manera, el amor es asimilable a aquella fuerza de atracción. Habrá quienes entiendan esa atracción desde un enfoque científico, otros desde una mirada romántica, o muchas otras opciones de observación que desconozco, pero estaremos de acuerdo en que esa atracción es fuerza.

Para culminar, y dando paso al próximo paso, es importante tener en cuenta el aspecto negativo de este momento. La dificultad que puede plantearse es sentirnos paralizados en el momento de tomar una decisión, no ver las opciones o los criterios adecuados para resolver el problema. Puede que la dificultad se manifieste también en una actitud *caprichosa*, por la cual, lejos de elegir, optamos por mantener todas las opciones de una manera irresponsable.

Imagina que tienes un trabajo y te ofrecen otro. Ambos trabajos te gustan, además de que tus ingresos han aumentado sustancialmente. La actitud que te menciono se vería reflejada en que mantuvieras ambos trabajos y como resultado tuvieras un mal desempeño en ambos. No solo provocaría un desgaste, sino que además, esta actitud irresponsable, perjudicaría a una serie de personas. Esto no implica que no puedas hacer funcionar dos opciones; significa que, de no hacerlo, conscientemente nos convertimos en glotones incapaces de discernir los deseos, los miedos, los intereses.

Recuerda: siempre hay una segunda opción. La pregunta es: ¿puedes hacerte cargo de tu decisión?

Intentaremos diseñar una respuesta...

Dirigir

VIII

Dirigir

El aleteo de las alas de una mariposa se puede sentir al otro lado del mundo.

PROVERBIO CHINO

En el capítulo anterior logramos darnos cuenta de que surge otra opción, bien o mal, blanco o negro, principio o final. Por ejemplo: si tomo 18 de Julio a la izquierda o a la derecha, estoy eligiendo, me enfrento a la necesidad de elegir.

Una elección implica tomar algo y abandonar otra cosa: dos trabajos, dos amores, dos carreras, etc. En el presente paso se plantea la posibilidad de la *integración* donde me responsabilizo, me hago cargo de lo que elegí. Tal vez decidí continuar con ambas propuestas, o deseché alguna, o no me quedo con ninguna. De ese tipo de elecciones hablaré ahora.

No es necesario abandonar el pasado para encarar el futuro. Con mi experiencia anterior puedo planificar hacia adelante. Puedo decidir cómo resolver el dilema. Antes primaba aquella fuerza mágica invisible, propia de los enlaces químicos, de la presencia de Cupido, como si nosotros no fuéramos partícipes activos de nuestras decisiones. Ahora, la fuerza y el poder lo tienen la mente y la voluntad.

Desde el primer paso hemos estado aprendiendo, adquiriendo conocimiento; en cambio, en esta etapa se nos muestra la posibilidad de decidir: es esto, es aquello, son los dos, o es algo que no tiene nada que ver con las anteriores.

En este paso surges tú como artífice, creador y director de una orquesta que se moverá a tu ritmo.

Al observar la imagen de este capítulo vemos una clara similitud con la anterior, y la conexión indivisible de ambos momentos.

Parece que en el instante en que surge *el otro*, se genera una fuerza invisible que lo atrae o lo rechaza, y da lugar a la actual imagen.

Vemos las líneas rectas, las curvas, las que se asemejan a flechas, y que en este momento sellan el enlace.

No está claro si el azul-emoción de la línea curva se dejó penetrar por el agudo ángulo del rojo de la línea recta. Participamos como testigos del resultado de una fusión que no sabemos cómo se originó. Las formas, antes separadas, devienen ahora una enmarañada trama que se asemeja a una jaula.

El semicírculo amarillo de la imagen anterior se separó del margen superior y adopta una forma circular; este aspecto nos da la pauta de que el plano mental resulta acabado y completo. Podríamos decir que logró cierta madurez a través de ideas y pensamientos definidos y propios.

El color violeta, que parece caer desde el círculo, envuelve la madeja de líneas, asegura aún más la estructura.

Es importante que percibas que el color amarillo, encerrado en el círculo, es muy identificable. Se aisló de la totalidad y esto no es por casualidad.

No es el amarillo de *El secreto*, donde la intuición pretendía penetrar en una mente superior. También, posteriormente el color aparece con gran intensidad en el *elegir*, muestra medio círculo abierto, como una copa que está recibiendo.

En cambio, en este paso, en la imagen, el círculo se cerró y el color circundante superior es color carne y nos muestra que es nuestro saber. Que fue fundamental la experiencia para formar juicios de valor, opiniones e ideales.

A partir de aquí me hago cargo y me responsabilizo de mis actos según mi criterio.

Integrar

Retomemos la meditación-ejercicio anterior

La meditación de este capítulo tiene como objetivo la integración de los polos, mencionados en la etapa anterior.

Te invito a recuperar la lista de la meditación anterior donde enumeraste características propias. En este paso, al tratarse de la integración, la idea es poder unir ambas particularidades que, en apariencia, son tan opuestas.

Entiendo que el ejercicio que te propongo no será fácil al principio, no te preocupes, no hay apuro. No importa qué tanto tiempo te lleve, lo importante es que te animes a aceptar la propuesta y la realices con conciencia.

Regresemos al ejemplo del capítulo anterior en que mi polaridad consistía en: *soy generosa, soy tacaña*. Ahora, el desafío consiste en formar una oración en la cual yo soy el sujeto y estas son dos de mis cualidades. Podría ser: *soy sumamente generosa cuando reparto la ropa que ya no voy a usar, y soy muy tacaña cuando tengo que dar alguno de mis libros favoritos*.

Con este ejercicio pretendo que tomes conciencia de que en ti habitan ambas cualidades o características. Podrás observar que, al integrar ambas opciones, entra en juego la intensidad o el grado de cada una; de esta manera, dejas de ser una opción u otra.

La realidad es relativa, es decir que frente a determinada situación puedo ser tacaña y en otra puedo ser generosa. Te propongo que a la hora de realizar este ejercicio utilices el nexo *y*, y descartas el nexo *pero*. Podrás notar que mientras el primero agrega e integra, el segundo pone reparos y excluye.

Verás que el espíritu de este capítulo, al tratarse de la responsabilidad y la conciencia a la hora de abordar diversas opciones, abarca el plano laboral, emocional, psíquico, etc.

En este capítulo nos hacemos cargo, nos responsabilizamos. No es fácil tomar una decisión, y mucho menos responder por las consecuencias de nuestra acción, *por eso es tan importante que frente a cada elección seamos conscientes y coherentes.*

El aprendizaje obtenido en todos los pasos anteriores nos ha dado un poder de decisión; ahora elijo desde el bagaje que fui construyendo, desde mi emoción, mis ideales, y pongo mi voluntad en acción. Esto va a situarme en la realidad que elegí vivir.

Una vez integradas las opciones vas a dirigir tu vida hacia la concreción de esa decisión. Probemos con un simple ejemplo: me compré un auto, saco la libreta, me pongo a manejar. Seguramente tuve que elegir entre varios modelos, colores y precios. Debí pasar por la prueba para que me entregaran la libreta de conducir, aprendí y acepté las reglas de tránsito, márgenes de velocidad, etc. A partir de ahí, no puedo salir a 18 de Julio a 200 km/h, pasar los semáforos en rojo, sin pagar las consecuencias que eso puede llegar a provocar, y yo lo sé.

El aspecto negativo de este momento consiste en creer que puedes hacer lo que quieras, sin tomar conciencia de que tus actos tienen consecuencias que perturban tu realidad y la realidad ajena. Que toda acción tiene una reacción, como el aleteo de una mariposa.

En el momento en que me hago cargo, me habilito y habilito a los otros a juzgarme.

Equilibrio

IX

Equilibrio

Si Tell acertaba, sería librado de cualquier cargo.

LEYENDA TRADICIONAL SUIZA

El presente se centra en la mirada de aquel otro que surgió en el capítulo denominado *Elegir*. En aquel momento aparecía la segunda opción, complejizando el panorama, posicionándote en un lugar activo.

En el paso anterior has resuelto el dilema planteado y actualmente serás *juzgado* por tu decisión. Por esta razón, este paso se centra en lo que opinan las personas con las que convivimos, ya que cuidamos nuestras acciones en beneficio del bien común.

Apoyémonos en la imagen que simboliza este momento para facilitar su comprensión.

La ilustración muestra una suerte de damero que intercala verdes y azules, lo cual nos da la pauta de que en esta etapa prima el equilibrio entre la emoción y la realidad.

Parece que en este momento abundan las consecuencias de la imagen anterior porque se hacen notar los colores fríos (capítulo actual) frente a los cálidos (capítulo anterior). Las líneas rectas estratégicamente colocadas otorgan una suerte de *dinamismo congelado*, como quien toma una fotografía en el instante de equilibrio de una balanza de alta precisión. Tomando el ejemplo del capítulo anterior, el presente capítulo ilustra el instante en que el radar captura con la fotografía tu infracción.

La imagen se mantiene estática frente a nuestros ojos, da la sensación de que el mínimo movimiento puede generar el derrumbe de la estructura. El equilibrio característico de este paso está simbolizado en la simetría de la imagen.

Al damero azul y verde se suma el amarillo, encerrado en una forma oval, y alude a la capacidad de focalización, de contener una idea fija. Fíjate que el amarillo se encuentra próximo al margen inferior; esto refuerza la idea de que el plano mental está dirigido a la materialización.

La ausencia del rojo nos muestra la necesidad de que todo sea extremadamente calculado y cauteloso; las emociones tienen que petrificarse y el objetivo no puede salirse de foco.

Este estado de concentración absoluta es el que tengo que mantener ante la mirada ajena, ya que es ella la que va a juzgarme.

Este capítulo se ve ilustrado en la situación de evaluación o examen. Al rendir una prueba, de la naturaleza que sea, debemos mantenernos concentrados, enfocados en lo que hacemos, en las respuestas que vamos a dar, en el estudio, etc. La aprobación o desaprobación del profesor o técnico (*otro*) dependerá en gran medida de mi rendimiento, que a su vez se verá condicionado por mi concentración.

Mantener la calma

Enfoquémonos en meditar

La meditación de este capítulo tiene por objetivo entrenar la focalización, y para esto deberás tomar contacto con tu capacidad de concentración, sorteando las posibles distracciones que puedan surgir.

Como siempre te pido, dedica un momento para entrar en una actitud

meditativa. Toma asiento, mantén la espalda recta, pies apoyados en el piso y manos sobre las piernas. Coloca los hombros, distendidos, levemente tirados hacia atrás, permitiendo que la espalda quede recta. Recuerda inhalar y exhalar conscientemente.

Una vez que sientas tu cuerpo distendido y tu mente relajada, te pido que ubiques mentalmente tus lumbares. Traza una línea desde el ombligo hasta la espalda y mantente enfocado en el punto imaginario que se marcó en tu columna. Esto será aproximadamente a la altura de los riñones.

¿Percibes alguna tensión en esta zona de la espalda? ¿Qué parte sientes con mayor intensidad, la derecha o la izquierda? Imagina que te conviertes en ese punto de tu espalda, y dos platillos imaginarios, como de balanza, salen de ti y se encuentran suspendidos a la altura de los riñones. ¿Qué tanto tiempo lograste conservar un eje simétrico?

¿Logras identificar algo que te distraiga? ¿Qué te ayudó a sobreponerte y reanudar la meditación? Es probable que aquello que te distrajo a la hora de meditar, se asocie a lo que te quita el foco en la concreción de tus objetivos. Por ejemplo, si te pica la nariz, la nariz representa al padre, la rodilla izquierda el sometimiento de la madre, entre otros. Recordemos que cada parte de nuestro cuerpo representa un conflicto: el lado izquierdo, en su totalidad, la figura materna, y el lado derecho la figura paterna. Puedes ampliar más, si te interesa el tema, en algunos libros de biodecodificación. Recuerda que la concentración es el vehículo fundamental para alcanzar tus objetivos.

La leyenda de Guillermo Tell ejemplifica lo que sucede en este capítulo. Este personaje legendario era un famoso ballestero de finales del siglo XIII, sobre el cual no existen pruebas fehacientes de que haya existido.

Resulta que en un paseo por la plaza del pueblo, junto con su hijo, Tell se rehusó a inclinarse ante el símbolo de la Casa de Habsburgo. En respuesta a este acto de desacato, el gobernador de aquel lugar obliga a Tell a descargar su ballesta contra una manzana colocada en la cabeza de su propio hijo, ubicado a cien metros de distancia. Si acertaba, nuestro personaje sería exculpado de todo cargo; de lo contrario, sería condenado a muerte. La habilidad de Tell lo liberó de los cargos ya que pudo cumplir con la terrible prueba dispuesta por el gobernador.

Imagina el estado de concentración de Tell al momento de ejecutar el tiro. Un movimiento en falso habría resultado la muerte de su hijo y la suya propia.

La focalización necesaria incluye lidiar con la presión del juicio público, con el riesgo de hacerle daño a su hijo, con su pulso constante sobre la mira y con los movimientos adecuados para ejecutar el instrumento.

Conocimiento y emoción deben equilibrarse para materializar el objetivo.

Esta es la naturaleza de este capítulo, el estado interno a la hora de actuar, con la conciencia de que el entorno observará y juzgará nuestros actos.

El aspecto negativo de este momento se asocia con el abuso de poder, la venganza, con la irresponsabilidad frente a la posibilidad de dañar a los otros.

Estamos prontos para pasar al siguiente paso.

Introspección

X

Introspección

Quien mira hacia afuera, sueña;
quien mira hacia adentro, despierta.

CARL J. JUNG

Al tomar contacto con la posibilidad de ser juzgados y evaluados por los otros, vamos tomando mayor conciencia de nuestros actos. Como consecuencia de ello, nos preocupamos de que ese accionar sea acorde a nuestros principios: éticos, religiosos, humanos y filosóficos. En este momento vemos una disposición a *revisarnos*, a tomar absoluta conciencia antes de dar otro paso.

En este capítulo haremos un viaje al pasado, de acuerdo a las circunstancias que estemos vivenciando: ya sea para corroborar en tu mente si pasaste la llave a la puerta o ir a bucear en los recuerdos de tu niñez en busca de información.

Recuerda que nos encontramos casi a la mitad de este viaje de veintidós pasos; eso hace de este paso un buen momento para asegurarnos que todo esté en orden.

Frente a nosotros se presenta un gran número 9, una forma similar a un caracol. Eso es lo que vemos en principio; sin embargo, cuando desglosamos la imagen, aparecen varios elementos: una pequeña semilla que parecería contener un embrión, dos líneas rectas que se clavan en un ángulo de la imagen como una estaca.

Los colores que predominan están en la gama del marrón, logrados con la mezcla de los cuatro colores que representan: las emociones, las pasiones, las ideas y las realidades.

Los bordes muestran otras tonalidades de marrones, donde prima uno de los elementos; por ejemplo, en la parte superior izquierda se ve el azul, en la superior derecha el rojo, en la inferior izquierda el verde, y en la inferior derecha el amarillo.

La imagen nos invita a un viaje interior. Entramos al dibujo por el ángulo inferior izquierdo, donde hay una pequeña abertura, y nos dejamos llevar como en un remolino, agradable y cálido, que nos transporta hacia el centro de la imagen.

En este mismo ángulo el color es intenso, fue la mezcla más potente de todos los elementos, como si hubiese logrado concentrar todas mis ideas, mis emociones, mis acciones y mi realidad en este punto; te digo *mis* porque esta es mi interpretación de este paso.

Reconciliarte con el pasado

¿Meditamos?

Una vez observada la imagen con atención, te dispones para la meditación de este capítulo. Es importante que recuerdes la ilustración, que de alguna manera la memorices, ya que será el escenario de un viaje imaginario. *El objetivo de esta meditación consiste en encontrarte contigo mismo.*

En esta oportunidad te invito a que te acomodes en una superficie cómoda, de manera horizontal; el lugar idóneo sería tu cama.

Entonces, acostado boca arriba, comienzas a respirar lentamente, dejando que los pensamientos pasen de largo sin enroscarte con ninguno, como trenes que se acercan y dejas pasar. Con esta actitud de calma vas a emprender un gran viaje.

Te haces pequeño, lo suficiente como para entrar por la abertura del ángulo inferior izquierdo del dibujo. Se despliega ante ti una superficie lisa, cálida y suave, como un tobogán que te invita a deslizarte. Durante la caída, ningún sentimiento negativo te invade. Te sientes seguro, contenido, confiado. Este espacio te protege, te acuna.

Déjate llevar por las curvas, como una hoja en una brisa otoñal. Llegas al centro, a la semilla, por lo cual debes adoptar una posición fetal para caber allí.

El pequeño embrión del centro de la imagen, que ahora eres tú, tiene un puntito rojo que representa tu corazón, que late y te muestra que estás vivo, feliz, y que tienes un gran potencial por delante. Te rodea una tibia luz solar, como si te acurrucaras detrás de una ventana en un día soleado de invierno.

¡Qué sensación tan placentera! Frente a ti se abre un gran camino que te lleva de retorno hacia la tierra y al punto donde ingresaste; está allí disponible para cuando te encuentres listo para salir, para volver al exterior.

Eres capaz de sembrar cualquier semilla, esta tierra que te espera es fértil, es pura, es maternal. Lograrás hacer que todo lo que te propongas sea realidad.

Luego de este viaje ya no eres el mismo, te volviste a encontrar con toda tu potencialidad. Nada te saca de tu centro, nada logra perturbarte. Imagina una fotografía de la realidad que deseas, porque una vez transcurridos los veintidós pasos esta se concretará.

Mi intención con esta meditación es que logres conectar con tu primera esencia, con aquella fuerza de los primeros pasos que no cuestionaba, que no tenía miedos ni dudas, que era puro impulso y total confianza. En aquel entonces estabas solo, el otro no existía y por ende no debías lidiar con el juicio, con la evaluación, con el amor o el desamor.

Ahora, te encuentras solo por elección y ojalá que el encuentro contigo mismo haya sido muy gratificante, porque desde ahí, sin marcas de lo vivido, no hay dudas de que podemos lograr lo que nos proponemos.

Este paseo por tu interior ha posibilitado un encuentro contigo mismo. Esta instancia implica cerrar los ojos, como si cerraras las persianas al mundo exterior, para entregarte a la introspección, para volver a ti, en un encuentro sanador.

En estos tiempos en que predomina el estímulo para evitar la soledad, y a cada instante de quietud se presenta una pantalla para llenar el vacío, es fundamental encontrar momentos para retornar a nosotros mismos. El movimiento pendular de ir y venir, de salir y de entrar, de estar con otros y volver a estar solos, es un ejercicio que vale la pena. La soledad cuenta con mala prensa, cuando simplemente alude a la ausencia del otro; te invito a verla como una oportunidad.

Al igual que los pasos anteriores, este también presenta un aspecto negativo. El peligro de este momento es regodearte en este placer de la soledad, el no comunicar tus emociones, tus necesidades. Recuerda el paso de vals... Ir y venir. En este vaivén se esconde el equilibrio entre estar con otros y estar contigo mismo. Desde aquí cualquier cosa puede suceder... Recuerda qué placentera fue esta vuelta, vamos por más...

Devenir

XI

Devenir

Esta que llaman por ahí Fortuna
es una mujer borracha y antojadiza,
y sobre todo ciega, y, así, no ve lo que hace,
ni sabe a quién derriba, ni a quién ensalza.

Miguel de Cervantes

La experiencia de lo vivido hasta ahora puede generar en nosotros la ilusión de tener todo bajo control; sin embargo, hay situaciones que nos trascienden, que no dependen de nuestra voluntad ni de nuestras acciones, o de lo que podemos sentir o pensar.

Este paso nos enfrenta a lo que llamamos *fortuna*, entendida como aquello que escapa de nuestro control y que comúnmente atribuimos al destino. Podríamos hablar de una fuerza sobrenatural... fuerza sobrenatural que obra según un designio mayor. Frente a nosotros aparecen acontecimientos que tienen que ver con la vida misma: nacimiento, muerte, pérdidas, golpes de suerte, oportunidades, etc.

Terminamos el capítulo anterior vivenciando una *vuelta placentera*; la forma de caracol en tonos marrones así lo sugería. Ahora, frente a tus ojos se encuentran cuatro círculos concéntricos; aluden también al movimiento, esta vez con mayor intensidad. Puede que esta imagen, a diferencia de la anterior, no te invite a deslizarte en su interior. O tal vez seas de los que disfrutan de experimentar emociones fuertes y te sientas tentado a entrar en ese ritmo hipnótico que promete un gran viaje. Ya sea que te encuentres de un lado o del otro, verás que a esta gran rueda poco le importa tu sentir.

Los colores de esta imagen son los que venimos viendo hasta ahora, es su disposición la que nos aporta la información de este capítulo.

El color rojo, contenido en el centro como una suerte de eje, pone de manifiesto que la voluntad debe mantenerse enfocada; solo así podremos permanecer estables en los momentos en que las emociones desbordantes pretenden llevarnos de un extremo a otro, por ejemplo cuando estamos eufóricos o depresivos.

Podemos deducir que la voluntad –el rojo– junto con la emoción –el azul–actúan sobre la realidad –el verde–, y las tres reciben información desde una mente en movimiento representada por el amarillo. Esta rueda se mueve dentro de los marrones que son el resultado de la mezcla de colores; vale igual decir que los cuatro elementos o cuatro fuerzas se mezclaron para devenir en realidad.

En los ángulos inferiores se intensifica el color marrón, lo cual refuerza la idea de una realidad concreta. Nos recuerda al ángulo inferior izquierdo de la imagen del capítulo anterior.

Si pasamos la imagen a palabras, debemos decir que la esencia de este momento es el movimiento. Observarlo, aceptarlo y adentrarnos en él será el gran desafío de este paso. La rueda en movimiento, girando en torno a su propio eje, es la imagen de la vida misma.

¿Cómo nos paramos frente a ella? ¿Cómo nos enfrentamos a las vicisitudes que nos presenta? La gran rueda es el juego de la vida, al que no podemos asistir, nos limitamos solo a mirar, debemos jugar, debemos vivir. El juego donde las cosas suceden, donde hay momentos en que ocurren sucesos maravillosos, y otros en que la pérdida y la tristeza nos sumergen. Resistir solo nos quebrará. Debemos ser como juncos, flexibles ante la fuerza del viento; solo así tendremos la capacidad de mantenernos de pie.

Aprender a aceptar

Es momento de meditar

El objetivo de esta meditación será tomar contacto con los cambios que nos propone la vida y que no dependen de nosotros.

Con la ilustración frente a ti, imagina que esa rueda se convierte en una pelota de playa. Esas pelotas grandes, inflables, tan livianas que la más leve brisa puede arrastrar.

Ahora, con un poco más de esfuerzo, te pido que entres dentro de la pelota. Esta se adapta a tu tamaño, te queda cómoda, y te aporta un límite seguro.

Una vez adentro, algo te lleva y te arrastra, y de pronto te encuentras en una playa sobre la arena. No perteneces a nadie, simplemente te encuentras allí. El viento te mueve y te hace tomar altura, no sabes hacia dónde te diriges, ya que no eres tú quien decide el itinerario de este viaje.

Luego de unos segundos ya no te encuentras en la playa, el viento te ha llevado hasta un parque, donde ves a un anciano tomando mate mientras alimenta a las palomas. Te sumerges en su gesto apacible, en la calma que ha logrado gracias al aprendizaje.

Ese anciano ilustra la paz de la tarea cumplida, la sabiduría de quien sabe contemplar la simpleza de la vida. Te has enfrentado a la vejez.

Con las emociones y pensamientos que esta escena haya generado en ti, una suave brisa te recoge del suelo y vuelve a trasladarte. Chocas contra un árbol, del cual cae una fruta muy madura; el impacto ha hecho que cayera, que volviera al suelo del cual alguna vez surgió. Te has enfrentado a la muerte.

Un fuerte viento anuncia que es momento de continuar el viaje y te dirige a una fiesta llena de jóvenes que se disponen a jugar contigo. Te avientan, pasas de mano en mano y la sensación es agradable. Tu energía aumenta y contactas con la alegría y el jolgorio, con la juventud. Pero es momento de partir, recuerda que no eres tú quien decide el recorrido, y una suave ventolina te dirige a tu próximo destino.

Llegas nuevamente a la playa y ves a un niño jugando con su madre en la arena. Es una escena donde predomina el amor incondicional, el cuidado y el goce del encuentro. Permaneces unos minutos contemplando esta imagen y notas que lentamente comienzas a moverte. Una ola que ha llegado a la orilla te acuna y te lleva consigo. No sientes miedo, de hecho disfrutas del movimiento calmo del agua, confías, así como también has confiado en el viento.

El viento y el agua se asemejan a aquella *mujer borracha y antojadiza* que mencionaba Miguel de Cervantes. La naturaleza responde a una lógica que se nos escapa y de la cual formamos parte. La fortuna nos obliga a ser humildes, ya que, una vez que entendemos que es ella quien maneja los hilos, solo nos resta jugar nuestro pequeño papel: disfrutar de lo aprendido, convivir con la muerte, permitirnos la alegría, entregarnos al amor.

La intención de esta meditación es adentrarte en un simulacro donde logras ver las diferentes variantes y oportunidades que nos presenta la vida. Seguramente este viaje fue movido, a pesar de que pasaste del nacimiento a la muerte, del amor al desamor, del jolgorio a la tristeza, estabas dentro de la pelota, esta vuelta fuiste un simple observador. La vida es muy similar a esto, solo que nos hace participar y ser actores en esta obra.

Según la mitología griega, la diosa Fortuna era la más voluble del Olimpo, la más caprichosa. Se asocia tanto a la buena suerte como a la mala suerte, y se la vincula con Ocasión, que es otra diosa que alude a la oportunidad. Fortuna, con una ruleta en su mano, nos habla del azar y lo aleatorio; Ocasión, calva en la parte de atrás de la cabeza, nos dice que una vez que ella pasa es imposible sujetarla. Combinadas, las dos aluden al aspecto volátil de la vida, ya sea en su cara negativa o positiva.

Dependiendo del momento y el lugar puede ocurrir un giro inesperado. Tal vez cruzas la calle siempre por el mismo lado y a la misma hora, y un día algo sale mal y tienes un accidente. Siempre el mismo descuido un día puede devenir en una tragedia. Al igual en el otro sentido: siempre concurres al mismo restaurante, los mismos días a la misma hora, un día te atrasas por un hecho que interpretaste como mala suerte, y debido a ese retraso conoces a una persona especial. De haber ido a la misma hora de siempre, no se hubiesen cruzado.

De esta manera obra la fortuna: inquieta, volátil e impredecible, desconoce causas y lógicas. Nosotros, en nuestra ignorancia, creemos que es cuestión de merecimientos. Sin embargo, su acción implacable nos deja boquiabiertos, sin comprender los motivos.

¿Cómo bailar al son de tan caprichoso compás? De intentarlo seguramente quedes sin pies; lo único que resta es verla bailar y asumir que en su danza eres un simple observador.

Si continuamos con la metáfora de la música, entonces veremos a la fortuna cambiando de compás constantemente, frente a lo cual solo podemos ser flexibles. ¿Sucedió algo bueno?, pues bienvenido sea; agradece, aprovecha esta oportunidad y continúa. ¿Algo malo ha devenido? Aprovecha esta oportunidad para aprender, reponte y continúa.

El lado negativo de este paso sería la resistencia al cambio, y pensar que cualquier estado es permanente. Lo que hemos de aprender en esta etapa es a convivir con el devenir, con la mutación, con los giros repentinos. Aquí nos dimos cuenta de que hay situaciones de la vida que nos exceden, que no podemos controlar.

Ya nos enfrentamos a lo inesperado, ¿qué te parece si continuamos ahora con el control?

Controlar

XII

Controlar

El gobierno más difícil es el de uno mismo.

LUCIO ANNEO SÉNECA

En el capítulo anterior padecimos la libertad con que se mueve la vida sobre nuestra voluntad. Observamos en cuántas ocasiones lo cotidiano no depende de nosotros, y que, si bien vivo invitándote a ser el constructor de tu destino, parecería que hay algo que se nos escapa.

El *control*, aspecto principal del presente paso, se muestra ante nosotros desde dos perspectivas: controlar o ser controlados. Es decir, someterse al poder externo o ejercer poder sobre otro.

Cuando nos enfrentamos al control, nuestra primera reacción es evitarlo, por eso parece que cada vez que tenemos que controlar algo o a alguien hay que ejercer una gran voluntad sobre la resistencia del otro. El control del que vamos a hablar tiene que ver con el autocontrol, que en definitiva, según aprendimos en el capítulo *Devenir*, es el único control que podemos ejercer.

Al momento de dominar nuestros instintos más genuinos, seguramente va a primar nuestra parte animal más primitiva, y luchar contra ella es como luchar contra un león.

Al observar la imagen correspondiente al capítulo, nos enfrentamos a un gran 8 rodeado y contenido por un rojo intenso. De esta manera vemos que el marco que estructura este momento es la voluntad. Aquel centro rojo de la imagen anterior, que nos aportaba la voluntad para mantenernos centrados, ahora ha invadido el 50 % de la lámina.

Por otro lado, vemos el infinito color azul "fajado" por una doble cinta marrón verdoso, y otro 8 interior con tonos amarillos donde se intensifica en algunos lugares sugiriendo el color carne.

A grandes rasgos, la figura central se asemeja a una silueta femenina, y da la impresión de que la doble cinta oficia de cinturón.

El marrón de la cinta nos indica que la realidad controla nuestros instintos. Me recuerda al corsé usado por las mujeres de antaño; incluso podría ser un cinturón de castidad, ambas prendas llevadas por una imposición externa. No creo que ninguna señorita se sintiera a gusto con semejante prenda, amordazando su silueta y exigiendo a su vientre mantenerse en un lugar que no le es cómodo.

Mi concepto del control que ejerce la realidad tiene que ver con el control de nuestros instintos, con nuestra *animalidad*.

El poder del color rojo ya lo conocimos en el capítulo V (*Estabilidad*), donde la voluntad aparecía como una necesidad de controlar al desborde.

La imagen representa la doble fuerza del control que te mencionaba al comienzo, ya que no sabemos quién o qué parte ejerce más presión, si el 8 por explotar o el rojo a través del marrón.

Nos han educado y hemos aprendido muy bien cuáles son las reglas para vivir sanamente en sociedad; ese fue el aprendizaje del capítulo *Equilibrio*.

A cada acción corresponde una reacción; por ende, cada comportamiento tiene una respuesta. Si no estudiamos para un examen, no nos preocupamos, las probabilidades de tener un mal resultado son muy altas. Este es el riesgo que corremos cuando tomamos la decisión de no estudiar. Aprendimos que el semáforo no se cruza en rojo, aunque nada nos impide hacerlo realmente. Sin embargo, si lo hacemos, podemos tener una multa o algo más grave, como un accidente, atentando contra el otro.

Traslademos esta *irresponsabilidad* al terreno emocional, y entonces ubiquémonos en una reunión familiar; alguien de mi familia política dice o hace algo que realmente me molesta, algo que está en desacuerdo con mis creencias. Seguramente se despierte en mí una gran fuerza arrolladora que me genera enojo. Si yo reaccionara de manera primitiva, sin haber pasado por la instancia de la educación para convivir con otros, explotaría mi ira y demostraría de una manera poco feliz mi malestar. Terminaríamos a los gritos o, en el peor de los casos, a los golpes.

Tanto en la situación de examen como en esta ha primado la irresponsabilidad al no medir las consecuencias. En lo cotidiano nos podemos enfrentar a este desborde en los actos de violencia intrafamiliar, en el tránsito, en el trabajo, en lo social.

En estos tiempos hemos perdido la noción de responsabilidad, vemos solo afuera el problema y no nos damos cuenta de que volcamos nuestras frustraciones en los lugares menos indicados, o con la persona que no es responsable de nuestro sentir. De esta manera, deposito mi enojo en el almacenero o en el chofer del ómnibus, cuando en realidad mi enojo es muy viejo y en relación a otra persona.

Control consciente

Momento de meditar

La presente meditación la he denominado *Control conciente*, y tiene por objetivo intentar controlar algo aparentemente incontrolable.

El desafío será tener una inspiración contando hasta once. Parece muy simple, pero te comento que personalmente la probé para proponerte el desafío y creí morir cuando iba contando cuatro. Para tu tranquilidad aún sigo viva y llegué a los once.

Primero te pido que te dediques a generar un espacio agradable. Ordena el lugar donde pienses meditar, ambienta con un fondo musical que resulte agradable, puedes prender un incienso.

Toma asiento y disponte simplemente a respirar, intenta calmar tu cuerpo y tu mente. Recuerda que en los momentos de meditación debemos contemplar todos nuestros sentidos: el tacto, a través de superficies cómodas, placenteras; el oído, con música que nos agrade sin distraernos; el olfato será un factor sumamente importante, ya que es, junto con el oído, uno de los sentidos que más nos inspira; el gusto, a partir de los sabores que se despliegan en tu paladar; tal vez recién tomaste tu último té, o aún queda el sabor de la pasta de dientes.

No busques desesperadamente, simplemente observa, contempla lo que hay.

La vista será el sentido que se apoyará con la imaginación ya que tus ojos permanecerán, en lo posible, cerrados.

Inspiramos y exhalamos suavemente a modo de prueba; seguramente –como ya leíste, son once las respiraciones– te embarques desde el principio a cumplir con el desafío, pero es probable que lo logres si lo intentas lentamente.

Ahora será la gran inspiración, la haremos contando hasta once.

El control que debemos ejercer sobre todos nuestros miedos, pensamientos negativos, las ganas de abandonar, pensar que no puedo, es apenas una pequeña demostración del proceso que debemos hacer frente a una situación que debemos controlar.

Me pareció que la respiración es el perfecto ejemplo del impulso imposible de contener. No podemos controlar el hecho de que necesitamos respirar; sin embargo, sí podemos controlar la manera en que lo hacemos. Esto se repite frente a cualquier impulso: no podemos controlar el enojarnos, excitarnos, sentir dolor o alegría, pero sí podemos controlar el modo en que transitamos por esos impulsos.

La psiquiatra y psicoterapeuta Anabel González, en su libro *No soy yo*, nos habla sobre la diferencia entre el impulso y lo que hacemos con este:

> Esta rabia bloqueada es además rechazada cuando, por ejemplo, hemos vivido junto a una persona muy violenta o crítica, en la que veíamos constantemente una rabia desbocada y mal encauzada, cuyas consecuencias sufríamos nosotros o personas a las que queríamos. Pensamos que es la rabia en sí –y no lo que esas personas hicieron con la suya– lo que es malo.

El control ejercido hacia uno mismo también puede ser muy hostil si no cuidamos el modo en que *nos controlamos*. Un autocontrol excesivo nos llega a enfermar. Te recuerdo que es posible controlar y controlarte desde el amor y la salud, siempre y cuando el control responda a tus necesidades.

El aspecto negativo de este paso, además del que te acabo de mencionar, es el deseo de controlar al otro, o controlar la situación, como el cinturón de castidad que te nombraba en el análisis de la ilustración, el cual era usado por padres y esposos para controlar la sexualidad de sus amadas o sus hijos. En este caso, es un control externo que somete y exige.

Hemos visto que el control implica adaptarse. En el próximo paso daremos lugar a la entrega...

El sacrificio

XIII

Sacrificio

Sacro oficio (accionar sagrado)

Lo que niegas te somete;
lo que aceptas te transforma.

CARL G. JUNG

En la actualidad, la palabra sacrificio se toma como una especie de dolor, o como una especie de evasiva de destrucción. Pero en su origen, sacrifico es dar algo, sacrificando la propia comodidad, pero que es necesario para un bien común posterior...1

Con la cita anterior intento mostrarte el significado de *sacrificio*, con el cual yo me identifico. Muchas veces cuando aludimos a este concepto estamos hablando de una tarea muy pesada, que no nos gusta. El sacrificio que te propongo tiene que ver con la convicción, con la ofrenda, con una acción meditada y concienzuda, dirigida a un fin.

1. (http://www.gnosis-samaelaunweor.org/portfolio-item/conferencia-el-sacrificio-o-sacro-oficio/)

Este paso puede evidenciarse en lo cotidiano, en la espera de una entrevista laboral, el resultado de un ansiado embarazo, la demora en aparecer los brotes de una planta que hemos sembrado. Ese tiempo de espera está representado en este paso. El dicho popular reza: *el que espera, desespera*, y yo te digo: *si aceptas la espera con paz interior, te enfrentas a un gran aprendizaje que te hará ver la vida desde otro lugar*.

En la imagen se presentan vestigios del momento anterior. ¿Logras ver la ceñida cintura del 8 en este globo, que parece caer en cualquier momento?

Te invito a que mires las tres últimas imágenes en las cuales encontramos el círculo: en *Devenir* era un círculo perfecto con un centro rojo; en *Control* el círculo fue deformado por la fuerza de la voluntad, y ahora, en *Sacrificio*, encontramos esta lágrima que sería el resultado de la fuerza externa sobre el círculo dividiéndolo en dos.

El color del exterior ha tomado una tonalidad rosa, representa el amor, la comprensión, la tolerancia. El verde, que se insinuaba junto al marrón en aquel cinturón apretado, ahora acaricia levemente el contorno y se desliza por la imagen.

Dentro de la burbuja, el amarillo se sumergió hasta el fondo, dejando entrever la necesidad de nuestras ideas de penetrar en una realidad profunda. El azul, que sigue al amarillo, es la continuación de aquel gigante 8 azul.

Ahora los colores se han dispuesto de una forma armoniosa, cada uno empuja al anterior sin demasiado esfuerzo. La ausencia de rojo nos indica que no hay una gran voluntad, ya que cualquier fuerza bruta podría desequilibrar este instante de entrega.

Todo invita a soltar, nada es estridente, parece que en el cuello de botella se concentra un violeta, lo que alude a la combinación entre emoción y pasión.

Esta escena se desarrolla entre dos grandes columnas verdes que recuerdan a la realidad.

La gigante gota está a punto de caer, como entregándose de ojos cerrados a una oscuridad que desconoce. Aquí es cuando nos enfrentamos por primera vez a la espera, al detenimiento, a la inminencia de que va a suceder algo. Todas las circunstancias de la vida atraviesan este estado, un gran cambio se acerca, y sin embargo aún no hay señales de ello; al igual que la calma que antecede la tormenta.

Aprender a esperar

Tómate un momento para meditar

El objetivo de esta meditación consiste en conectar con la pausa que antecede al gran cambio.

Como tal, te pido que te entregues a la meditación sin esperar una experiencia extraordinaria.

Para esta meditación propongo que adaptes el espacio a tu gusto.

Como en el paso anterior, es primordial que te centres en la información que captan tus sentidos, por esta razón tómate tu tiempo para elegir la música, el aroma y la superficie donde tomes asiento. El desafío será que te entregues a la meditación y por ello es muy importante que te sientas cómodo.

Una vez que esté todo listo, comienza a respirar conscientemente.

Presta también atención a tu postura y a la información que de ella recibes. Puedes hacer el intento de identificarte con la gota de la imagen.

Tu mente, centrada en tu cuerpo y viceversa, atendiendo al exterior y al interior. Aunque lo logres por poco tiempo, fíjate qué se siente ser esa gota. ¿Resulta placentero? ¿Genera algún sentimiento desagradable? Presta atención a cómo es para ti este momento de entrega, de pausa.

Acallar la voluntad, calmar la energía física, de esto se trata este capítulo, de *sacrificar* estos aspectos para tomar contacto con la paciencia. Esta actitud implica el reconocimiento de un bien mayor, el cual acepto, y frente al cual me someto gratamente.

El bien común suele ser un principio por el cual muchas veces nos sacrificamos. Buscando un ejemplo pensé: cuántas veces dejé ir más de un ómnibus.

Nuestra escena se va a situar en una parada de ómnibus en hora pico, diversidad de personas: hay embarazadas, niños, ancianos, un señor con muchos bolsos y otra cantidad de gente.

Se acerca el ómnibus esperado, se detiene, abre sus puertas y soy la primera para subir.

Doy prioridad a la mujer embarazada haciéndome a un lado, luego los ancianos, los niños, el señor con tantos paquetes y luego me dispongo a subir yo. En ese momento, un malón de gente me empuja y suben primero. El ómnibus se llena y finalmente no he podido ingresar. Me quedo esperando el próximo...

¿Logras observar lo que ha sucedido? Quizá alguna vez vivenciaste algo similar o tal vez te has identificado con el malón de gente.

Esta acción de postergar, esta entrega es motivada por el amor, aunque te resulte excesivo. Si no fíjate: ¿en qué momentos de la vida logras entregarte de ojos cerrados? Seguramente sea ante el amor; este puede ser por una persona, en un sentido romántico, o también puede ser ante tu familia, ante una causa política, o ante tu dios.

El ejemplo del ómnibus es cotidiano, tal vez demasiado mundano, pero es en estas situaciones ordinarias cuando podemos apreciar la esencia de este paso. Postergar el ingreso al ómnibus habla de la importancia de un valor mayor frente al que mi interés queda disminuido. Existe un conocimiento, un sentir, que nos hace ceder nuestro lugar al niño, al anciano, a la mujer embarazada. El valor que opera detrás de esta decisión tiene que ver con el amor, el amor a la humanidad, al bien común, al vivir en una sociedad donde prima el respeto y el cuidado del otro.

Este paso es algo difícil de atravesar en lo cotidiano, seguramente se presente ante ti con retrasos y complicaciones.

La idea de este libro es que comprendas las diferentes etapas de cualquier situación; esta etapa dependerá en gran medida del desarrollo espiritual que hayas logrado hasta el momento. Tal vez cuestiones por qué menciono la espiritualidad, pero:

la materialización de nuestros proyectos está totalmente vinculada con el crecimiento que hemos experimentado.

Este momento puedes percibirlo de dos maneras distintas: una, como atraso (lo cual vivencias de una forma negativa); otra, como el postergar sabio o la espera saludable de todo cuanto existe (esta es la forma positiva).

El aspecto negativo de este paso se hace visible en las pausas eternas o también en los sacrificios inútiles.

No puedes permanecer eternamente suspendido... ¿Qué puede suceder si te sueltas?

Muerte

XIV

Muerte

El negro es al mismo tiempo la muerte y la matriz de los orígenes, el silencio absoluto de la desaparición y el resonar tumultuoso que acompaña todo nacimiento. El color negro está lleno de fecundas contradicciones.

Anne Varichon, *Colores. Historia de su significado y fabricación*

Ha sobrevenido la tormenta y el gran cambio se impone ante nosotros.

La muerte, como máximo representante del cambio, es el paso al que ingresamos ahora. ¿Qué decir sobre la muerte? Te confieso que las palabras no surgen fácilmente, por lo cual he cedido a mi mano la responsabilidad de expresar mi sentir respecto del presente paso; podría decir que le cedo la palabra. De esta manera te contaré sobre este capítulo a través de la imagen.

El negro, color del poder, de la violencia y de la muerte. Nos enfrentamos a lo que irremediablemente todo se enfrenta, el final. Todo lo que empieza tiene que terminar, lo eterno es el cambio. Aceptar la muerte es un gran desafío; una vez comprendido, vemos que forma parte de la vida misma, no solo de los seres humanos sino de todo lo que vive, y logramos incorporarla como parte indispensable en cualquier proceso de desarrollo.

En este capítulo decidí representar la muerte con el color que la identifica: el negro. En la simpleza del color uniforme, sin estridencias ni símbolos ocultos, se oculta la contundencia de la muerte. El negro es la ausencia de la luz, entendiéndolo como la ausencia de vida; por algo elegimos el negro cuando estamos de luto. Podemos apreciar también que las pinceladas fueron marcando pequeños rectángulos, como una suerte de ataúdes.

La imagen del capítulo anterior tiene una buena parte de color negro, pero en aquel momento la oscuridad estaba permitiendo a los colores más claros ser más luminosos; vemos una postergación, una espera, como si ese espacio coloreado de negro le diera lugar a la burbuja brillante para que brille más aún. En esta imagen la hoja fue cubierta en su totalidad por tinta china negra, que a pesar de su brutalidad y su impacto no hace otra cosa que permitirnos ver la esperanza depositada en una pequeña rosa roja de cinco pétalos.

Esta nos recuerda la estrella de cinco puntas que vimos por primera vez en el capítulo *Conocimiento*. Ambas figuras centrales apuntan hacia arriba.

Eva Heller cita en su libro *Psicología del color*: *Al principio fue el rojo. Es el primer color al que el hombre puso nombre. La denominación cromática más antigua del mundo*. El rojo brillante nos muestra la vida, la sangre, la fuerza, que sin lugar a dudas vencerá cualquier situación.

Frente a la idea de la muerte, creo que todos tenemos un sentimiento similar, en mayor o menor medida, hay un temor a la desconocido, a lo que hay más allá. Si prestamos atención al comportamiento de la muerte representada con el color negro, no parece tan negativo; después de todo, en un momento se encargó de hacer brillar aún más la vida, y cuando parecía que todo lo consumía, dejó entrever que una nueva vida intentaba comenzar.

Soltar la vida

Meditemos...

Esta meditación tiene por objetivo visualizar el proceso de la vida, incluida la muerte.

Te invito a tomar asiento y disponerte para la meditación. Sería bueno que eligieras un fondo musical instrumental, que invite a la calma y la reflexión.

Como siempre, presta atención a tu postura. Adopta una posición que sea cómoda para ti, pero que en la cual no te duermas.

Comienza a respirar cada vez con más conciencia, imagina el recorrido del aire dentro de tu cuerpo. Haz una revisión de cada parte, desde tus pies hasta tu rostro.

Una vez que te sientas centrado, imagina una hoja delante de tus ojos. Imagina que es pequeña, es una hoja nueva, por lo tanto luce un verde claro. Se muestra vivaz y erguida, busca el sol como si estuviera sedienta de vida.

Notas cómo, de a poco, va cambiando de color, alcanzando un tono verde fuerte. A su vez ha crecido, alcanzando su máximo tamaño. Lentamente su punta desciende, mientras que el tono verde incorpora el amarillo. Su tamaño, si bien no disminuye, parecería haber cambiado. Finalmente acaba totalmente amarilla con algunas vetas marrones. Sus bordes se han contraído tanto que parece mucho más pequeña.

Desearía que a partir de la meditación logres darte cuenta de que la vida y la muerte nos rodean continuamente, la no existencia/la existencia; desde el ocaso de una hoja, pasando por el fin de una relación, hasta la muerte de un ser querido.

Este proceso lo vemos a lo largo de nuestra vida a través de diversas situaciones, como dejar de ser escolar para convertirse en liceal, o dejar de ser soltero para estar en pareja, dejar de ser trabajador para ser jubilado. Así, infinitamente podríamos enumerar todas las vidas y las muertes con que interactuamos continuamente, sin pensar directamente en la muerte física de un ser querido.

Por supuesto que esta también responde a este proceso, pero encontrarnos en este paso no significa que alguien querido o amado vaya a dejar de estar, simplemente significa un gran cambio al que son sometidas todas las cosas continuamente. Aceptar esto nos permite ver dentro de la pérdida un nuevo nacimiento, una nueva oportunidad.

Eva Heller plantea que *todo acaba en el negro: la carne descompuesta se vuelve negra, como las plantas podridas y las muelas cariadas*. Estas ideas son las que priman en nuestra sociedad, asociar el negro solamente a la muerte, sin ver su potencialidad.

El aspecto negativo de este momento se relaciona con el estancamiento y la inmovilidad, los cambios lentos y la inercia.

Luego de la muerte solamente deviene un gran resurgir...

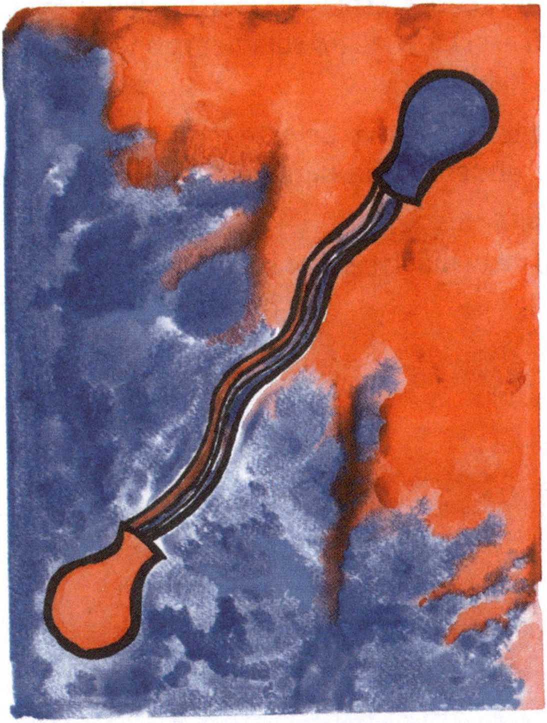

Espiritualidad

XV

Espiritualidad

La felicidad se encuentra en el centro exacto de dos extremos.

Aristóteles

Para ingresar a este paso, quiero invitarte a recordar los pasos anteriores, especialmente *Equilibrio*, *Devenir*, *Control* y *Muerte*. En esas etapas hemos aprendido a entregarnos, a adaptarnos, a esperar para avanzar, e incluso, cuando pensamos que todo estaba perdido ante la oscuridad de la muerte, vimos aquella flor roja que nos hablaba de resurrección.

Este paso, *Espiritualidad*, nos habla del aprendizaje alcanzado, ya que reúne y equilibra diferentes aspectos que hemos venimos analizando.

Tal vez estas palabras te resulten demasiado espirituales, pero ya te lo había advertido, en este mundo material somos un espíritu y una mente actuando con voluntad sobre la realidad.

La palabra clave de este paso será la *adaptabilidad*. Este término, a diferencia de *adaptación*, lo asocio con la idea de *intercambio dulce* y estable, donde las partes se amoldan y aceptan la intervención del otro.

La letra *b*, según el alfabeto rúnico Futhark, representa a la madre. Recuerda las curvas y la silueta femenina, le da suavidad y dulzura al movimiento que verás en la imagen a continuación.

En esta imagen nos enfrentamos a dos colores: el rojo, que representa el fuego, la pasión, la fuerza, el impulso, y el azul, simbolizando el agua, la emoción, la intuición y la sensibilidad.

¿Recuerdas la ilustración correspondiente al capítulo *Elegir*? Aquella ilustración consistía en medio círculo azul, que nos retrotraía a la energía femenina, y en un triángulo rojo, que recordaba la energía masculina. En aquel entonces surgieron los opuestos, que protagonizan el presente capítulo.

Actualmente vemos cómo los colores se invaden mutuamente. No existe la línea recta, por lo tanto no hay intervención alguna, simplemente un fluir. En el centro de cada color se encuentra algo similar a aquella burbuja de *Sacrificio*. Si las uniéramos, también encontraríamos el 8 de *Control*.

Parece que el contenido de las vasijas atraviesa diagonalmente la imagen, al igual que los colores. De cierta manera, puede recordarnos la figura del yin y el yang, aquel círculo dividido en blanco y negro, donde en el negro hay un pequeño círculo blanco y en el blanco un pequeño círculo negro, aludiendo a los opuestos femenino y masculino: *lo femenino en lo masculino, y lo masculino en lo femenino*.

Mi interpretación de este momento sería: *la pasión en la emoción, y la emoción en la pasión*.

El líquido que trasiega de un recipiente a otro genera un intercambio perfecto de un centro al otro, como si continuamente el fluido de los líquidos se mantuviera en equilibrio.

En la unión de ambos territorios se vislumbran algunos tonos morados oscuros, que darán paso a un cambio en el siguiente capítulo.

La ausencia del amarillo nos muestra claramente la inexistencia de ideas, y la del verde nos muestra que este proceso ocurre en nuestro interior.

Contactar con la entrega

Momento de meditar...

La meditación de este capítulo tiene por objetivo tomar contacto con la entrega, con el fluir y la adaptación.

Como siempre, comenzamos por atender a nuestra actitud meditativa, que consiste en situarnos en una posición cómoda, con la espalda recta.

Concéntrate en el ritmo de tu respiración, que va tomando cada vez más profundidad.

Imagina que puedes observar el recorrido del aire en tu interior. Dirige el aire a cada zona de tu cuerpo, lenta y conscientemente.

Imagina que frente a ti se encuentra el objeto de tu placer, puede ser una gran barra de chocolate, una montaña gigante de chantillí, el enamorado que más te atrae.

Piensa con detenimiento cuál sería ese objeto para ti. Ten presente que no hay nada que obstaculice el encuentro.

Lentamente te acercarás a tu objeto de placer y tomarás de él lo que quieras. Puede ser un pedacito de chocolate, una cucharada de la crema, un beso de tu amado.

Vuelves a tu sitio, disfrutas lo que has recibido. Puedes volver cuantas veces quieras, siempre y cuando tomes algo, vuelvas a tu sitio, lo disfrutes y lo observes.

Esta meditación se concentra en ese intercambio, en este momento en que la experiencia de placer es la razón del encuentro.

Recuerda que es simplemente vivencia. Llegará un momento en que no querrás separarte de tu objeto de placer, y el camino a recorrer cada vez será más corto, así como el lapso entre un encuentro y otro.

Espero que con esta meditación tomes contacto con el efecto que despierta el encuentro con lo que nos gusta, así el objeto de placer sea, en tu caso, un cigarro o el alcohol. La ausencia de reflexión hace que no tengamos presentes las consecuencias ni los preconceptos que limitarían la experiencia.

Este capítulo se centra en esos viajes de ida que transitaste cada vez que fuiste al encuentro del chocolate, o de tu amado. Ese ir y venir que veíamos en la ilustración y en la meditación que es experiencia pura y es placentera, al apoyarse en la emoción y la pasión.

Recuerda que venimos del capítulo *Muerte*. Teniendo en cuenta esto, es lógico que la experiencia tome esta relevancia. ¿Qué mejor que el placer para despertarnos de la dormilona?

Antes de pasar al siguiente capítulo, te pido que mantengas presente la vivencia de la meditación. Al principio, seguramente la distancia que te separaba del objeto era mayor, así como el tiempo en regresar al encuentro. A medida que la experiencia va tomando fuerza, este escenario cambia, hasta querer permanecer allí, fusionado con tu objeto de placer. En este punto quiero que observes bien tu cuerpo, tu respiración, tu abdomen, tu tensión muscular. Este paso sin dudas es la antesala perfecta para el siguiente.

El aspecto negativo o riesgo que corremos en esta etapa, como es de suponer, sería pretender permanecer en este plano de la experiencia. En este equilibrio entre pasión y emoción nada puede acontecer, será necesario mover esta balanza para avanzar...

Someter

XVI

Someter

Tanto va el cántaro a la fuente
que al final se rompe.

Anónimo

Para denominar este paso, me concentré en la primera impresión, la primera palabra que se asocia a mi concepto de este capítulo y lo que sucede en él.

Al indagar sobre el término *someter* observo que hace referencia a la esclavitud, al abuso de poder, a la subordinación. Compruebo en diversas fuentes que el sometimiento gira en torno al poder de uno sobre otro. La esencia de este capítulo habla del sometimiento que ejercemos todos sobre la realidad.

Una y mil veces te digo que somos creadores de nuestro destino, somos magos. Frente a ti se presenta el paso de la construcción. Partiendo de esta idea te pregunto: ¿dónde has llegado? ¿Con quién vives? ¿Cuál es tu patrimonio?

Estas dimensiones son los resultados del manejo de la realidad que has alcanzado hasta el día de hoy.

Tal vez esa realidad fue construida sin prestar atención a que estaba en construcción. Si esto es así, tal vez sientas que te encuentras viviendo algo que no quieres y, en ese caso, puedes sentirte esclavo de tu realidad.

Las formas y colores que aparecen en esta imagen ya son conocidos. Por primera vez en *Elegir* aparecen los opuestos que intentan acercarse.

En este camino, hasta llegar a *Someter*, las partes han tomado forma; podríamos decir que han evolucionado.

En el margen derecho, lo femenino se presenta en la curva de color azul, que aparece sosteniendo una gran masa roja. Podemos apreciar el mismo juego en el otro margen, solo que en esta oportunidad es la línea roja y recta la que contiene la superficie azul. La energía masculina pasional y activa se apoya en lo emocional, y viceversa.

La imagen quedó dividida en tres sectores bien delimitados: rojo-azul, marrón, rojo-azul. De la imagen anterior a esta hay una clara evolución. La emoción en la pasión y la pasión en la emoción continúan haciéndose visibles.

El color marrón central es el resultado de la mezcla intensa de todos los colores. Aunque no lo veas, para formar este marrón fueron utilizados los cuatro colores que uso desde el principio; esto quiere decir que la faja que une, atrae y somete al azul y al rojo es la evolución de una gran realidad. El marrón me recuerda al barro que se endureció. Parecería que todo quedó petrificado, atado y amordazado a una realidad inmóvil, pero que ambos lados aceptan sin resistencias.

Esta es mi interpretación de este momento: una vez logrado que todas nuestras partes se integren, estas construyen una realidad fortificada.

Por ejemplo, alguien que trabajó mucho para lograr ser el dueño de una gran empresa, ha alcanzado finalmente su objetivo. Este sueño implica tener muchos empleados, cumplir con un extenso horario y miles de responsabilidades. Imaginemos que una vez metido en ese baile, nuestro personaje anhela un momento de calma; por ejemplo, tomar mate bajo un árbol. Sin embargo, la realidad que ha construido no se lo permite. Se ha convertido en esclavo de su realidad.

Lidiar con el placer

¿Meditamos?

Te invito a que observes la imagen. ¿Con cuál de los dos lados te identificas?

Haz el intento de elegir sin predisposición, puedes ser realmente cualquiera de los lados: el rojo o el azul. Una vez que te ubicaste e identificaste con uno, tu objeto de placer, aquel del capítulo anterior, se presentará frente a ti en el otro color.

Como verás, la meditación correspondiente a este capítulo es la continuación de la meditación pasada. Mediante una respiración profunda y consciente, te pido que retomes la escena anterior, en la cual te encuentras frente a tu objeto de placer, tomando contacto con este y volviendo a tu lugar.

Recuerda que estos encuentros son cada vez más seguidos, se ha vuelto difícil mantener la distancia por un tiempo prolongado. Como si tuvieras en la heladera el postre que más te gusta, tomas una cucharada y pruebas un poco, cierras la heladera y continúas con tus cosas,

hasta que decides volver por un poco más. Al cabo de unos minutos, seguramente ya no puedas dejar de comer hasta haberlo terminado.

¿Has logrado visualizar la escena? ¿Notas la tensión corporal al imaginar que te alejas del objeto, deseando volver a reunirte con él?

La intención de la meditación es que experimentes el sentirte atrapado en una realidad que construiste, que comenzó desde el deseo y el bienestar, y ahora te atrapa, inmovilizándote.

Otro ejemplo sería cuando dos amantes comienzan a conocerse: primero los mensajes, luego los encuentros, y sobre cada encuentro la necesidad de permanecer unidos se acrecienta. El momento de la despedida, de los encuentros prohibidos, nos muestra claramente la fuerza de este paso.

La fusión que han creado tu objeto y tú, ese vínculo de sometimiento, de eso se trata este capítulo. El deseo y la emoción han creado una realidad donde todas las partes que la constituyen dependen de la otra.

Es difícil identificar en qué momento este paso comienza a ser negativo. Diría que esto sucede cuando el intercambio del azul con el rojo de la figura anterior fluye libremente y de a poco comienza a endurecerse, a volverse rígido.

Este capítulo abarca desde la inamovilidad en un puesto laboral hasta la inamovilidad propia de un estado de adicción. En ambas situaciones el protagonista en cuestión se encuentra atado a la realidad que ha construido.

Cualquier realidad, una vez que se ha consolidado, puede volverse negativa debido a que ha perdido flexibilidad. Mantenernos despiertos y conscientes nos permite construir nuestras circunstancias de acuerdo a las necesidades que se van presentando momento a momento; de esa manera, nuestras construcciones funcionan en beneficio propio y no al revés.

Liberar

XVII

Liberar

Las torres más elevadas son las que caen más pesadamente, y es en la cima de la montaña donde prefiere caer el rayo.

Gérard Van Rijnberk

Nos enfrentamos a otro paso controversial.

Es inevitable que todo cuanto existe pase o atraviese el proceso de la destrucción; no como muerte, sino como una fuerza que quiebra la realidad, que te aprisiona, para volver a generar otra. Emilio Salas dice: *La evolución y el progreso se basan en un eterno construir y demoler, en errar y rectificar*.

En el paso anterior veíamos que la realidad que construimos con voluntad y esmero puede llegar a someternos. En este paso la entrada de una mente superior desarma la realidad y nos libera. Ya veremos a qué nos referimos con esto de una *mentalidad superior*.

No es lo mismo este paso para un privado de libertad que para un gran ejecutivo, si bien ambos quedarán liberados de su realidad. Quiero advertirte que en sí mismo este paso no es bueno ni malo; simplemente nos saca del momento en que estamos.

En la imagen podemos observar que los colores se han ensuciado. Ya no hay elementos en su estado puro. El rojo no es tan vivo ni el azul tan intenso, y el marrón ha sido atravesado por una gigante lengua de fuego.

Vemos que las siluetas representadas en la figura anterior han sido destruidas. El marrón oscuro profundo se ha iluminado desde el margen superior. La lengua de fuego que penetra desde el cielo tiene colores rojos, amarillos y naranjas; representa la voluntad y templanza de las ideas, con la intencionalidad de iluminar o aclarar cualquier situación limitante. Este rayo viene a representar aquella mentalidad superior que mencionaba al comienzo. Las líneas rectas que delinean esta lengua de fuego recuerdan las siluetas masculinas que vimos en el camino. Podríamos atribuirle un poder divino; sin embargo, no son más que nuestros ideales rescatándonos de la gran esclavitud.

Si trasladamos el simbolismo de la imagen a las palabras, debemos decir que la gran protagonista de este momento es la realidad, vivenciando una ruptura fundamental.

Vemos en esta imagen la destrucción de lo construido, no solo a través del dibujo, sino que los colores sucios, unos con otros, dejan en evidencia la ruptura de los límites. Ya nada es como era.

Recibir lo impredecible

Te invito a meditar

Una vez más retomamos la meditación de los capítulos anteriores.

Para mí es muy importante que logres vivenciar este proceso, ya que este es uno de los pasos más estresantes del diario vivir. Abarca desde el simple fracaso del castillo de arena que estoy construyendo y se quiebra, hasta la pérdida de un ser querido. En mil oportunidades nos encontramos frente a este proceso.

Te preparas para la meditación adoptando una posición cómoda.

Quiero que prestes especial atención a tu columna vertebral, desde tu chakra corona, situado en la parte superior del cráneo, hasta tu chakra raíz, ubicado en el perineo. Esta columna que queda trazada será en todo momento el eje al cual debes volver.

Entonces regresamos a los caminos de ida y vuelta en busca del objeto de placer que vivenciamos en el capítulo *Espiritualidad*.

¿Recuerdas cómo respondió tu cuerpo a cada encuentro con tu objeto de placer? ¿Cómo te sentías en cada separación?

Los caminos lentamente se fueron acortando en distancia y en tiempo, hasta quedar unidos en un abrazo mutuo y profundo tú y el objeto. Ese abrazo, que al principio fue gozoso, progresivamente se convierte en un abrazo que inmoviliza, que has experimentado en el capítulo *Someter*.

Llega entonces este momento en que ambos se han fusionado. ¿Cuánto tiempo puedes permanecer así? ¿Qué tan rápido llega la incomodidad? Tú y el objeto son ahora aquel barro endurecido de la imagen.

Sobre tu cabeza, en el chakra corona, aparece una gran iluminación de colores brillantes. Amarillos, naranjas y blancos se entremezclan formando una gran lengua de fuego. Esta penetrará tu columna y la recorrerá, desde el principio al fin, iluminando cada rincón y eliminando cada rastro del color marrón. Sientes realmente que te has iluminado, que no quedan zonas oscuras dentro de ti. Nada puedes ocultar a esa brillante luz, tan devastadora como salvadora. ¿Eres consciente de que se han roto todas las cadenas y ataduras? ¿Eres consciente de tu libertad? Disfruta este momento y aprovéchalo para borrar cada situación limitante.

Lo que pretendo con esta meditación es que aceptes la ruptura como algo transformador y, por ende, liberador.

Este paso es vivenciado muchas veces como catastrófico. Sin embargo, debemos pensar que nuestro objetivo nunca es ser esclavos ni esclavizar. Estamos en el paso XVII y aún queda algo por recorrer.

Claro está que cuando logramos capitalizar algo material, mucha pena nos da perderlo o modificarlo, pero aferrarnos a una materialidad puntual nos limita a la hora de pretender una realidad mejor.

Gérard van Rijnberk nos dice, respecto de estos momentos, que *a veces la ruptura (...) es la de una situación que mantenía bloqueada toda posibilidad de progreso, por lo cual se convierte en liberadora, y también puede ser el aviso salvador de un peligro insospechado que todavía puede evitarse.*

El aspecto negativo de este paso es la inamovilidad, la permanencia de una situación de la que no veo salida. Permanezco en continua opresión, sin poder vislumbrar un futuro alternativo.

Conectar

XVIII

Conectar

La primera tarea del ser humano en la vida es darse luz a sí mismo.

ERICH FROMM

Luego de toda catástrofe hay un momento de paz... de silencio y contemplación. Esta será una palabra clave. *Contemplar* deriva del latín, del verbo *contemplari*, que puede traducirse como "mirar atentamente un espacio concreto". Surge del prefijo *con*, que significa "junto", y el sustantivo *templum* (*tem-*, "cortar"), o espacio por donde observar el cielo.

La capacidad de observación que adquirimos en este paso está totalmente libre de cualquier subjetividad. A esta altura ya estamos preparados para seguir nuestros objetivos sin distracciones. Ya hemos pasado por todas las pruebas: nos han juzgado, nos hemos dominado, hemos revisado el pasado, la vida nos subió a una rueda y nos paseó por diferentes momentos, nos suspendió en un estado de letargo y así vivenciamos la muerte.

Una fuerza maravillosa nos despegó del silencio de la muerte, la pasión nos ató a una realidad que nos hechizó cual encantador de serpientes. El rayo liberador nos hizo vivenciar el desprendimiento y la llegada de la luz. Y ahora somos capaces de ser simples observadores desapegados de una realidad que no nos envuelve.

Tómate un momento para apreciar la ilustración.

¿Recuerdas esta forma? Ha estado presente en este camino.

Por primera vez la encontramos en *Conocimiento*. En aquel momento, el azul, el verde y un centro amarillo ocupaban gran parte de la imagen. Los rojos y marrones quedaban afuera de aquella gigante estrella de cinco puntas. En aquella oportunidad, el conocimiento de sabernos individuos separados y el conocimiento de la realidad nos habilitaba al capítulo *Elegir*.

En la imagen presente, la estrella cambió sus colores por los de la lengua de fuego liberadora del capítulo anterior. En la mitad superior de esta lámina, vemos la predominancia del color amarillo, con algunos tintes verdes, recordándonos nuestro campo mental o ideas que actúan en la realidad.

En el margen inferior encontramos un color violeta, resultado de la suma del rojo y el azul. Estos se corresponden con aquella polaridad del *Elegir*; azul a la izquierda, rojo a la derecha. En el centro ha quedado un leve color marrón, recordando el *Someter*.

Observando la imagen en su totalidad, parecería que una estrella se ha desprendido de un todo que la contenía, intentando ascender hacia los amarillos más claros, que representarán la claridad de pensamiento.

Vemos en la imagen un esfuerzo de la mente por despegarse de la materialidad, concentrándose en su objetivo.

Entrenar el desapego

Meditemos un momento...

Te dispones para la meditación, cuidando tu postura y respiración.

Te invito a observar la imagen por unos minutos, intentando convertirte en esa estrella.

Al igual que ella, vas a despegarte de la realidad, como si lograras levitar sobre todo lo que te rodea, y aún más... lo que atormenta tus pensamientos.

Las emociones o sentimientos que te atan en este mismo momento pierden fuerza. Notas que todo se vuelve pequeño a medida que asciendes, y logras observar cómo todo se empequeñece, todo pierde trascendencia.

Ante ti se presenta la situación que más te aqueja actualmente. Mantente en una actitud contemplativa, enfrenta dicho problema procurando no analizarlo, simplemente observándolo.

En este estado en que te encuentras ahora, con la capacidad de ver la situación desde un librar libre, el problema ¿sigue siendo tan grande?

Recuerda el paso de la muerte o el de la liberación... ¿Hay algo en esta vida que valga la pena más que tú mismo?

Mi intención con esta meditación es que logres darte cuenta de que ningún problema puede ser tan grande si logramos verlo desde nuestra parte más espiritual, más desapegada.

Este capítulo me recuerda la posibilidad que siempre tenemos de conectarnos con nuestra esencia, con nuestro ser más puro, con aquella chispa divina que habita en nosotros y que con el pasar de la vida muchas veces olvidamos. Nada puede separarnos de nuestro primer objetivo, que es la vida misma intentando perpetuarse.

En el camino hemos pasado por múltiples etapas, vivenciamos todo tipo de experiencias, pero llega el momento de la conexión. Vivir en una actitud contemplativa nos hace libres y nos permite avanzar sin limitaciones.

Desde mi lugar, y muy subjetivamente, atribuyo este capítulo a la oración meditativa. Cada uno con su fe o sin ella, pero siempre intentando conectar con esa esencia que nos pertenece y nos guía.

Lo negativo de este paso es la frustración por estar desconectados, o la búsqueda de conectar con algo exterior a mí y no con mi verdadero ser.

Intuir

XIX

Intuir

No hay vuelta posible.
El camino conduce claramente
hacia adelante.

SALLIE NICHOLS

En el paso anterior nos encontramos con la conexión, con nuestra espiritualidad. Nos dimos cuenta de que éramos mucho más que desorden, orden, soledad, compañía o elección, nos reconocimos capaces de separarnos y observar.

En esta ocasión nos encontramos con nuestra intuición. Frente a nosotros, la gran oscuridad es avasallante; sin embargo, el portal iluminado parece que nos dice *acércate*.

Si en los primeros pasos aprendimos a manejar la materia y en el último entendimos que no solo somos materia, sino que somo más que eso, en esta instancia aprenderemos a confiar en nuestra intuición.

Nos encontramos en un proceso en que estamos solos con nuestros miedos y temores, que amenazan el logro de alcanzar nuestras metas. El camino solo se dirige hacia adelante, no tendrás más opción que atravesarlo.

Frente a nosotros, un camino y un portal. Este se abre como aquel camino que dejó libre a la estrella, como si desprendiéndose de lo material se encontrara en un mundo de ensueños inmateriales. En el viaje por ese camino nos enfrentamos a múltiples sensaciones.

Este paso lo he representado con simples manchas de tinta. La tinta china, diluida y trabajada para lograr los diferentes efectos, y luego la magia de la acuarela, que tras varias horas de secado revelaba ante mí formas inesperadas.

Dejo a la intuición guiarte en este camino, ¿qué formas encuentras en las paredes de este túnel? Tal vez sean decenas de ojos que te observan, puede que sean múltiples almas errantes que te acosan, pueden también ser alimañas agazapadas en la oscuridad o el cuco que te aterrorizaba en tu niñez.

Tal vez veas flores o simples manchas de humedad. ¿Qué es lo que más te llama la atención? El camino, el portal, las paredes. Estas fueron intervenidas y decoradas a pura intuición e inspiración.

La investigación no solo fue a través de la imagen y lo que con ella lograba, sino también improvisando con diferentes técnicas sobre la acuarela y la tinta.

Como te mencionaba en el prólogo, la acuarela es una técnica que no había utilizado antes, y las imágenes intentan ser lo más espontáneas posible, me guían por la esencia de cada etapa y lo que ello significa para mí.

La meditación de este paso tiene como propósito tomar contacto con los momentos de pruebas.

Imagina que estás llegando a tu objetivo, así sea descifrar qué es lo que deseas, qué camino seguir. Estás a un paso de alcanzar tu meta, y surgen distracciones que ponen en riesgo el objetivo. Partiendo de esta idea, te pido que te dispongas para la meditación; adopta una posición cómoda y concéntrate en tu respiración.

Contactar con los miedos

Ahora te invito a meditar

Partes del punto inicial; supongamos que es tu hogar.

Te has propuesto llegar a una isla muy lejana. Hace tiempo tienes ese sueño, pero en algún momento te has planteado concretarlo como una seria posibilidad. Empacas lo necesario, trazas la ruta para llegar a la isla y sales de tu casa con una mochila, un mapa, una ruta y una meta.

Empiezas por medios de transporte como ómnibus, hasta que en algún punto ya no cuentas con este vehículo. Ha llegado la noche y decides hacer dedo para acercarte un poco más a tu destino. A esa altura te has cruzado con otros viajeros, has escuchado sus historias, conocido otras realidades. Observas que tus deseos de llegar a la isla son cada vez más fuertes. También transitas por momentos de dudas ya que te sientes cansado, pero aun así decides no detenerte, ya te has alejado demasiado del punto inicial, sería una pena detenerse ahora.

Utilizas trenes, transportes precarios, caminas, te detienes por momentos y luego continúas.

Has llegado a la playa y logras vislumbrar la isla de tus sueños allá lejos, a varios metros de tus pies, que ya están tocando el agua. Te ves obligado a abandonar tu mochila ya que debes nadar. No hay otra manera de alcanzar tu objetivo, así que te despojas de los pocos bienes que traes y te lanzas al agua.

Allí, solo, piensas en todo lo que podría salir mal. Los miedos sobrevienen en tu cuerpo y mente con el peso de un yunque. Podrías abandonar y notas que esa posibilidad es la que más te aterra. El camino solo te dirige hacia adelante, recuerda.

Mi intención con la meditación es que logres identificar lo que te desvía de tu objetivo. Los obstáculos que nos impiden llegar a nuestros logros no siempre son externos ni están conectados a nuestros miedos ni a nuestro pasado, a veces son las múltiples distracciones que nos construimos para evitar la prosperidad.

En este punto te encuentras ahora, a un paso de tus metas. Observa todo lo que has trabajado para alcanzar tu objetivo, ya sea que lo hayas trazado hace una semana, un mes, o haya surgido hoy.

El túnel de la imagen simboliza el trayecto final, y no se supone que sea fácil. Al final ves una puerta que te invita a salir; sin embargo, antes debes lidiar con la prueba.

Te invito a que observes la ilustración nuevamente. Mira la distancia que te separa de la salida iluminada. ¿Te parece que es largo el camino? ¿Cuáles son las emociones que te genera enfrentarte a este desafío?

Te recuerdo que tal vez las manchas grises y negras de la pared del túnel sean almas en pena, o alimañas, o estampados con un significado oculto. O tal vez son marquesinas anunciando bares, tiendas y casinos.

Recuerda que este es tu viaje y puedes construir en él lo que te venga en gana.

Ya llegaste hasta aquí, con todo el esfuerzo que eso conlleva, ¿vas a acobardarte ahora?, ¿permitirás que estas distracciones te desvíen de tus metas?

Te pido que retomes aquella confianza que te llevó a tirarte por el tobogán del capítulo *Introspección* y sigas adelante. Lo que tienes es el aprendizaje y la confianza, esos son tus bienes ahora.

A esta altura del camino nos faltan solamente tres pasos para llegar a nuestro logro.

Y aquí me encuentro escribiendo, tratando de contarte de qué se tratan los veintidós pasos. Respiro, tomo contacto con el ahora y me observo.

Siento lo difícil que es esta etapa, la estoy viviendo. Todo está casi pronto, faltan apenas unos días para que este libro esté en tus manos, y, simplemente con escribirlo, se me estremece el estómago.

El proceso fue largo, al igual que todos los procesos a los que nos enfrentamos día a día. Ahora tengo que hacer caso a la intuición y dejar volar mi inspiración. Confiar. El camino está aprendido y la puerta está iluminada, a la espera de mi llegada.

Pretendo que entiendas que todos los días nos enfrentamos a grandes pruebas, que somos nosotros mismos, y en este momento más solos que nunca, quienes tenemos la descisión de llegar, o de asegurarnos permanecer en este punto.

¿Recuerdas las recetas de *El secreto*? Aquellas que podrían ser tuyas o pertenecer a tu familia. Debes saber que en este paso la familia y sus exigencias pesan mucho. Nuestros ancestros dejaron una impresión del mundo grabado en nuestro

ADN, y si nosotros no despertamos, seguiremos mirando el mundo a través del mismo cristal.

El aspecto negativo o el riesgo de este paso es que los miedos te venzan y no logres llegar a tu meta. Frente a ti hay una gran puerta por la que entra una luz brillante... ¿Qué harás?

Brillar

XX

Brillar

¡A brillar, mi amor... Vamos a brillar, mi amor!

Indio Solari

¡Qué gran momento! ¿Estás preparado para brillar? ¿Estás preparado para lograr tu cometido? ¿Para ser feliz? ¿Para ser independiente? ¿Para tener la pareja que deseas? ¿Para mostrar tus talentos? ¿Para vivir de ellos?

Seguramente vas a asentir a cada una de estas preguntas, y sin embargo la realidad te mira con cara de picardía mientras te pregunta: *¿estás seguro?*

Brillar no es para todos.

Nadie hace una fortuna sin hacer harina a los demás.

El que no llora no mama.

No lo lograrás.

Esto no es para vos.

No sos inteligente.

Sos demasiado bajo... Sos demasiado gordo... Sos demasiado impulsivo... Sos atorrante... No servís para nada...

Cuántas cosas hemos tenido que pasar. Estoy segura de que alguna de estas frases te suena, y, en cambio, estamos acá, a un paso de llegar a lo que queríamos.

¡Celebremos! Te felicito, esto es solo para valientes. Ninguna de las malas intenciones con que nos hemos encontrado en nuestro camino nos pueden marcar para siempre, porque eres el héroe de esta historia.

Tómate unos minutos para observar la imagen. Estas formas ya las conocemos, las curvas, las rectas, el gran círculo.

El mayor cambio sucedió en la intensidad de los colores. Lo femenino, representado en el azul, ahora más pastel y salpicado de luces, con las líneas curvas; y lo masculino, en las líneas rectas. El color rojo, ya no tan intenso. Todos unidos por una franja color carne muy suave.

El gran círculo está centrado en la lámina sobre colores amarillos y verdes, muy claros y brillantes. La luz atraviesa la imagen gracias a la claridad de los tonos; al observarla se genera una sensación placentera.

Están presentes los cuatro colores, pero en una tonalidad muy suave, como los tonos usados en las prendas de bebé, o en momentos cuando queremos evocar ternura.

Se encuentran integrados dulcemente; eso alude al gran trabajo por el que todo proceso debe pasar para finalmente llegar a la integración. Ya no hablamos de penetrar, de someter, ya no nos referimos a la pasividad, a los extremos. Estos se han graduado.

Todo se amalgama en perfecta armonía y equilibrio.

Contactar con la gloria

¿Estás listo para meditar?

La meditación que corresponde a este paso será la continuación del paso anterior. Para comenzar te pido que te dispongas, y tomes contacto con una respiración cada vez más profunda y consciente.

El paso anterior nos había dejado frente a una puerta luminosa. Ahora te invito a que des esos últimos pasos para atravesar el umbral. Permanece contemplando todo lo que te esperaba al otro lado de la puerta. Frente a ti se abre un espléndido jardín.

¿Puedes visualizar alguno de tus objetivos? Tal vez el brillo de esta luz te ha cegado tanto que no eres capaz de identificar algo.

Del otro lado del umbral encuentras personas que quieren compartir un mensaje contigo. Elige a quién de ellos prefieres que te hable y acércate.

¿Verdaderamente estás dispuesto a escuchar?

¿Qué te ha dicho? Recuérdalo muy bien.

El camino continúa. Intenta recorrer con tu mirada todos y cada uno de los escenarios que se presentan ante ti: rostros, posesiones, proyectos, ideales, amores.

Es momento de alejarte del jardín. Mi intención con esta meditación consiste en que logres visualizar todos los sueños que puedes cumplir. Recuerda que los sueños son anhelos y por ende no necesariamente son materiales. Me atrevería a decirte que los sueños tienen que ver con nuestras necesidades. Por lo tanto, si aún no has logrado visualizar un objetivo, fíjate en tu necesidad. Ella puede tener la respuesta.

Enfrentarte al momento de exponerte, ya sea a través de ti mismo o de tu producto, es muy difícil si no estás plenamente convencido del deseo que te ha llevado hasta aquí.

El camino nos ha impuesto subidas y bajadas, y bien sabes que la subida hasta aquí ha sido muy empinada. Te diría que este es el punto más alto, por lo tanto *desde esta cima logras ver todos los picos de todas las montañas*.

No obstante, así como la posición privilegiada te permite ver desde la altura el resto del paisaje, tú y la realidad que has logrado quedan también expuestos al resto.

Si estuviésemos en un paso más abajo, te diría que la mirada crítica, que puede surgir por la gran exposición, podría desarmarse y alentarte a abandonar; aunque, en esta instancia, te encuentras tan convencido de lo que entregas que solo tú eres capaz de evaluar, criticar y animarte a cambiar de rumbo.

El aspecto negativo de este capítulo es creer que este brillo es para siempre. Recuerda que solo la falta de permanencia es inmutable.

Frente a ti se encuentra la verdadera justicia, la evaluación de la conciencia.

Evaluar

XXI

Evaluar

Hoy me doy el perdón si me lastimé el corazón.

4 Pesos de Propina

Llegó el momento en que eres tu propio juez.

Nada ni nadie puede evaluarte mejor que tú mismo. ¿Quién podría atreverse a decir que lo has hecho bien o mal? Seguramente frente a esta pregunta me contestes que fueron muchos, y yo te digo: *¿te parece que alguien tiene el derecho de hacerlo? ¿Quién ha visto por todo lo que has pasado? ¿Quién ha llorado tus derrotas y celebrado tus triunfos?*

Fueron muchas caídas, y por cada una de ellas te has puesto de pie. Todo lo aprendido vale en este momento. Eres el constructor de tu vida y por ende solo tú puedes evaluar con responsabilidad tus logros. Y si no ha llegado aún, solo tú sabes por qué.

En este paso nos enfrentamos al gran desafío de la autocrítica; podemos, también, sentirnos tentados a evaluar los logros de los demás.

¿Recuerdas la imagen anterior? Imagina que tomas aquel círculo entre tus manos y lo rompes, cual cáscara de huevo. Esa cáscara es la que cubre la escena que se despliega en la imagen actual. Aquel sector color carne se ha hecho flor y la polaridad ha dado lugar a la integración.

Frente a nosotros han surgido una gran estrella de seis puntas, una flor y las formas ya conocidas representando lo femenino y lo masculino. Los colores conservan la misma intensidad, pero están totalmente definidos; el azul es azul y el rojo es rojo. Ya nada los atrae con fuerza; simplemente el tallo de la flor nace entre ellos dos como el fruto de esta unión.

Este sector de la ilustración nos dice que la integración de nuestras partes ha devenido en una realidad. El florecimiento llegó a nosotros. Aquello por lo que nos habíamos unido se hace carne y así lo muestran los cinco pétalos de la flor.

Sobre ella, una gran estrella de seis puntas la observa. La construcción geométrica de esta estrella es muy simple; consiste en la fusión de dos triángulos equiláteros.

Uno de los vértices apunta hacia arriba y en color amarillo; los ángulos restantes de este triángulo son rojos; muestran la voluntad de las ideas por superarse.

El segundo triángulo, con un vértice hacia abajo en color azul, indica la necesidad emocional de conectar con la realidad. En el centro, los colores se han fusionado, mostrándonos un verde amarronado muy sutil que alude a una realidad materializada.

El espacio libre no es totalmente blanco, está apenas sombreado; indica que ha quedado un terreno fértil para seguir creciendo y construyendo.

Aceptar el logro

Tómate un momento para esta especial meditación

Esta meditación tiene por objetivo evaluar tu realidad sin condenarte.

Tal como hemos hecho hasta ahora, ponte en posición meditativa, y una vez te sientas centrado, elige alguna situación de tu vida en que te hayas propuesto algo: dejar de fumar, bajar o aumentar de peso, ponerte a dibujar y lograr una obra, terminar los estudios, cambiar de trabajo, dejar una pareja, etc. Tómate el trabajo de escoger un ejemplo; estoy segura de que hay muchas metas alcanzadas en tu haber.

Una vez visualizado el tema que quieres trabajar, iremos tomando conciencia de las voces interiores que en aquel entonces evaluaron tu desempeño. ¿Las recuerdas?

Utilizo la palabra *voz* en plural para hacer referencia a la diversidad de emociones, sensaciones, pensamientos y dolencias que se hacen presente en nuestra mente, atacándocnos o alentándonos frente a cualquier desafío. Seguramente entiendes a qué me refiero; hablo de la voz de tu conciencia, la cual simplemente cambia de tonos.

Déjate llevar por mis palabras, que conecten con cada parte de tu cuerpo.

¿Qué parte de tu cuerpo sientes tensionada en este momento? El entrecejo, las manos, los hombros...

Simplemente respirando, recorre de pies a cabeza y de cabeza a los pies cada parte de tu cuerpo. En este viaje de ida y venida intenta identificar los personajes que suelen alentarte o abuchearte frente a cada desafío.

¿Reconoces cuántas veces te detienes frente a un logro por el simple hecho de ser fiel a una de esas voces? Una vez identificada una o varias de esas partes, te pido que las enfrentes una por una; pregúntale el porqué de su sugerencia o comportamiento. Cuando recibas su respuesta, agradece desde el corazón y continúa tu camino hacia el próximo personaje.

Así, uno a uno irás preguntando, agradeciendo y soltando. Cuando llegues al final, recordarás todas las sugerencias y tú mismo evaluarás si lo que han dicho vale la pena tenerelo en cuenta o no.

Lo que pretendo con esta meditación es que te des cuenta de que la voz más fuerte y boicoteadora es la tuya propia.

El aspecto negativo de este paso sería permanecer en continuas evaluaciones maliciosas que no te permiten continuar avanzando, así como intervenir desde tu evaluación en la vida de los otros. Como verás, el problema de este capítulo tiene que ver con la crítica infructuosa, que impide una evaluación justa y responsable.

Nada nos detiene, ya no hay excusas. El momento ha llegado.

El logro

XXII

El logro

El agradecimiento es la memoria del corazón.

LAO TSE

Frente al último paso, silencio. Ante la página en blanco, vacío. ¿Cuántas veces nuestros logros nos encuentran así? Cansados, felices, aliviados, enérgicos, confundidos. Te cuento que así me encuentro: aún entre computadoras, carrtones, lápices y mis libros a mi espalda. Así como comencé, ahora culmino, teniendo plena conciencia de que, si bien todo se ve igual, todo ha cambiado... Yo no soy la misma.

¿Cómo será el horizonte una vez que logramos tocarlo? En lo personal, te cuento: acabo de volver al caos del comienzo, muy esperable en este lugar, ya que tímidamente florece un nuevo emprender.

Llegar al final tiene un sabor dulce y amargo, por eso el coraje de la flor subiendo nos representa a cada uno de nosotros, con la valentía de ponernos de pie una y otra vez, mostrándonos tal cual somos frente a todo y todos.

Este es un gran momento, el que sin lugar a dudas nos enfrenta al final.

Me recuerda a la muerte, pero muy distante del paso que lleva su nombre; en aquel entonces, simplemente aprendíamos que todo tiene que pasar por diferentes procesos. En este paso, sin embargo, el proceso llegó a su final, y el próximo será otro, nunca este mismo mejorado.

Tendremos que empezar de cero, tal vez volver al cero ya que el caos nuevamente se presenta frente a nosotros, ofreciéndonos una nueva posibilidad de ser creadores.

Observemos la última imagen del ciclo. Las formas y colores son muy conocidos. La intensidad ha vuelto y las pinceladas y la acuarela hicieron lo suyo. Identificamos claramente cada sector.

Parecería que debajo de este oval, color carne intenso, está, nítida, la imagen de *Emprender*. Allí están el amarillo de nuestras ideas, el verde de la realización, el rojo de la voluntad, el azul de la emoción. Muy bien definidos y separados por líneas bastante gruesas.

Como notarás, las líneas rectas han sido hechas con regla, mientras que las curvas fueron hechas a mano alzada con pincel y tinta china. En el oval central, que parece ser sostenido por estos cuatro sectores, aparece la flor. Esta imagen ya la vimos en *Muerte* y en *Evaluar*.

Los cinco pétalos se mantienen, recordando el paso de *Conocimiento*, aquella estrella de cinco puntas. El color de la flor no podía ser otro que un morado intenso, fruto de la suma del rojo y el azul, aunque en algunos sectores integré también el marrón, obtenido de la mezcla de todos los colores, para aludir a una realidad aún más concreta.

Agradecer

Meditemos juntos...

Esta meditación, al ser la última del libro, te pido que la tomes como un momento de reflexión. Tiene por objetivo agradecernos y agradecer cada logro de nuestra vida. ¿Qué otra cosa más que agradecer podemos hacer frente a la tarea cumplida?

Simplemente observa aquello que has logrado, busca entre tus múltiples tareas aquella que llegó a su fin y te dejó gran satisfacción.

Te invito a que dibujes en tu rostro una gran sonrisa, quizás una carcajada tiene ganas de salir. Intenta conectar con la alegría de un niño frente a la bicicleta que le dejaron los Reyes.

Parece que el universo hubiera hecho algo por ti; en cambio, frente a ti está TU LOGRO.

¿Qué te parece si hacemos una evaluación muy breve de lo sucedido hasta aquí?

El final es el momento ideal para reflexionar sobre el recorrido. Solo te pido que intentes no *pegarte* a ninguno de los momentos, intenta permanecer desapegado a cada una de las etapas por las que hemos transitado.

Para culminar, imagínate corriendo con los brazos extendidos. Tienes habilidad y destreza, puedes saltar, hacer piruetas, despegarte del piso. Corres hasta que te enfrentas a la flor gigante de la imagen. Frente a su inmensidad no puedes hacer más que un gesto de agradecimiento. Disfruta de la contemplación, fuiste tú quien logró todo esto.

Como era de suponer, este paso no tiene lado negativo.

Breve resumen de contenidos

1

El viaje empieza en el 0, donde existe una conexión muy vívida con la espiritualidad, con la inocencia. En el tarot, esta instancia, Arcano 0, es llamada *El loco*. Es el momento del desorden, allí se encuentran todas las posibilidades.

Palabras clave: inocencia – comienzo – impulso – materia prima

2

La capacidad de ordenar, de separar, de reconocer los elementos, no como una masa amorfa, sino como parte de un todo. Gran conexión de la voluntad del ser humano hacia la eventual divinidad. En el tarot es el Arcano I y se llama *El mago*.

Palabras clave: capacidad de expresión – posibilidad de todas las cosas – orden de la materia prima

3

Lo desconocido, el secreto, el velo que protege el conocimiento sagrado. Primera manifestación femenina portadora de sabiduría. En el tarot es el Arcano II, denominado *La suma sacerdotisa*.

Palabras clave: secretos a develar –protección femenina– cómo utilizar la materia prima

4

Desarrollo y seducción a través de todos los sentidos. Poder de atracción que maneja el amor. En el tarot es el Arcano III, llamado *La emperatriz*.

Palabras clave: desarrollo – crecimiento – desborde – lo que se obtiene del correcto manejo de la materia prima

5

Establecimiento del orden. Principio masculino que maneja la autoridad y establece límites a cualquier desborde. En el tarot es el Arcano IV, denominado *El emperador*.

Palabras clave: autoridad – el padre – el líder – el orden – lo que otorga forma al resultado de los pasos anteriores

6

Nos enfrentamos al Arcano del conocimiento y el saber. Es el V, llamado *El sumo sacerdote*.

Palabras clave: conocimiento - disciplina - actuar adecuadamente - conciencia de que somos seres únicos e independientes

7

Momento de decisión, de hacerse cargo de cuál rumbo tomar. Es el Arcano VI, corresponde a la carta de *Los enamorados*.

Palabras clave: saber lo que me beneficia y lo que me perjudica - elegir entre varios caminos - conciencia de que existen otros seres independientes como nosotros

8

Encaminar la vida en base a las decisiones propias, y por ende hacerse cargo de los resultados. Es el Arcano VII, llamado *El carro*.

Palabras clave: manejo a conciencia - responsabilidad - integración - una vez que me hago cargo, asumo los riesgos y también disfruto del éxito

9

Una vez tomadas las decisiones, me hago cargo y soy capaz de responder por ellas. Es el Arcano VIII, llamado *La justicia*.

Palabras clave: equilibrio - mente fría - focalización - ser capaz de recibir una sentencia sin que me tiemble la mano

10

Antes de llegar al décimo Arcano, debo rever lo acontecido hasta ahora para que todo esté en orden. Es el Arcano IX, llamado *El ermitaño*.

Palabras clave: soledad - retiro - desapego - revisar con el conocimiento actual lo vivido hasta ahora

11

El eterno girar de la vida. Corresponde a las fluctuaciones y a poder adaptarme a estas sin perturbaciones. Es el Arcano X del tarot, *La rueda de la fortuna*.

Palabras clave: cambios - movimientos - aceptar lo impredecible

12

Saber manejar cualquier situación sin que mis emociones me desborden o me dejen en evidencia. Es el Arcano XI, *La fuerza*.

Palabras clave: autocontrol – fuerza interior – conocimiento de mis instintos – saber manejarse en cualquier situación

13

Momento de detenimiento existente en todo, justo antes del gran cambio. Es el Arcano XII, denominado *El colgado*.

Palabras clave: pausa – espera – sacrificio de transformación a que se somete cualquier asunto

14

Cambio rotundo, dejar de ser para poder ser. Es el Arcano XIII, *La muerte*, o Arcano sin nombre.

Palabras clave: cambios – movimientos – el gran cambio que no vuelve atrás, necesario para continuar avanzando

15

Luego de la muerte, la experiencia espiritual da lugar a una nueva vivencia. Un llamado que nos moviliza en forma mágica. En el tarot es el Arcano XIV, *La templanza*.

Palabras clave: espiritualidad - intercambio - aceptación - fuerza espiritual que nos saca de la muerte para continuar hacia adelante

16

El placer de la materia. Todo cuanto existe me seduce y me atrae, me compromete. El tarot lo llama *El diablo*, es el Arcano XV.

Palabras clave: sexo - dinero - vicios - materialidad - todo aquello que nos envuelve, somete, seduce y agrada

17

Desarme de todas las estructuras, liberación de prisiones y cárceles, ya sean materiales o mentales. Arcano XVI, llamado *La torre* en el tarot.

Palabras clave: liberación - estruendo - ruptura - liberación de las cadenas que nos atan a nuestras pasiones

18

Una vez libres, somos conscientes de nuestra espiritualidad. El Arcano XVII, llamado *La estrella*, nos convierte en seres espirituales.

Palabras clave: guía espiritual - palabra iluminadora - conexión con lo superior - sabiéndonos capaces de perder todo, solo nos queda mirar hacia adelante

19

Los miedos surgen a pesar de todo. El proceso de la soledad que hemos de atravesar antes del encuentro con la gran iluminación. El Arcano XVIII, *La luna*.

Palabras clave: miedos - ensueños - inspiración - el viaje a tientas y a oscuras antes de encontrar el sol

20

La claridad llega y todo se ve mucho mejor. Surgen los verdaderos aliados y los grupos se fortalecen. Este es el Arcano XIX, *El sol*.

Palabras clave: brillo - encuentro - compañía - se hace la claridad, no existen dudas ni inconvenientes

21

La última gran evaluación hecha por nuestra propia conciencia, para realmente sentirnos en paz. El Arcano XX es llamado en el tarot *El juicio final*.

Palabras clave: evaluación - transformación - última mirada antes de llegar a la gran cumbre

22

La danza del ser entre los elementos del caos una vez ordenados y procesados. Es el Arcano XXI, llamado *El universo* o *El mundo*.

Palabras clave: completud - saciamiento - logros - prosperidad - momento en que la perfección supera cualquier inconveniente y logramos danzar dentro de esta gran realidad

Reflexión final

Me encuentro escribiendo las últimas palabras de este libro, que podría ser de cuatro páginas o cinco mil y a su vez, cada capítulo podría ser un libro en sí mismo.

El tarot es el conocimiento del ser humano, con todas sus virtudes y todos sus defectos. De él aprendemos que nada se escapa y que todo es, justamente, como tiene que ser.

Para mí el tarot es letra, poesía, música, números, movimiento, sabor y aroma, es la vida misma expresándose. Desde mi humildísima intención quisiera que te enamoraras al igual que yo me enamoré de él, que logres verlo en cada situación.

Este conocimiento te consume y genera una necesidad efervescente de buscarlo en todos los libros y en todo lo que sucede.

Una vez que interiorizas este conocimiento, nada en la vida te sorprende, entiendes que no hay casualidades ni castigos, nada te quiebra, ni te paraliza, no te detiene, no te desborda. No hay mejor juicio que la evaluación y la autocrítica.

Índice

LAS CARTAS DE 22 PASOS

Emprender

El viajero

Desarrollo

Secreto

Conocimiento

Estabilidad

Dirigir

Elegir

Introspección

Equilibrio

Controlar

Devenir

Muerte

El sacrificio

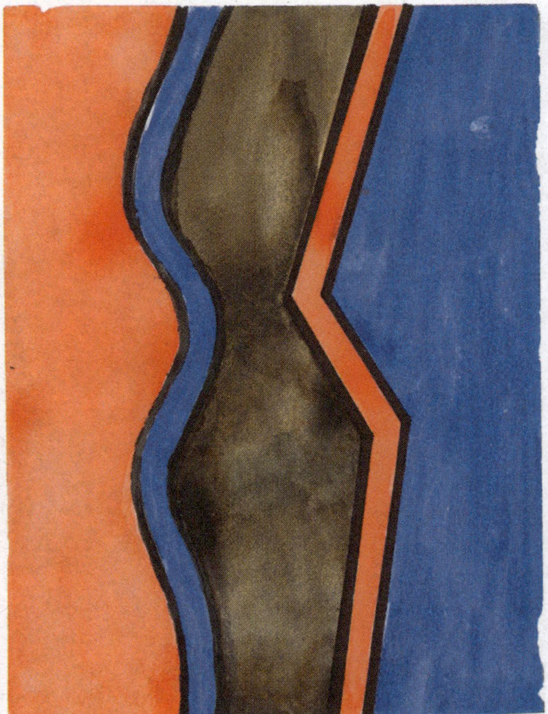

Someter

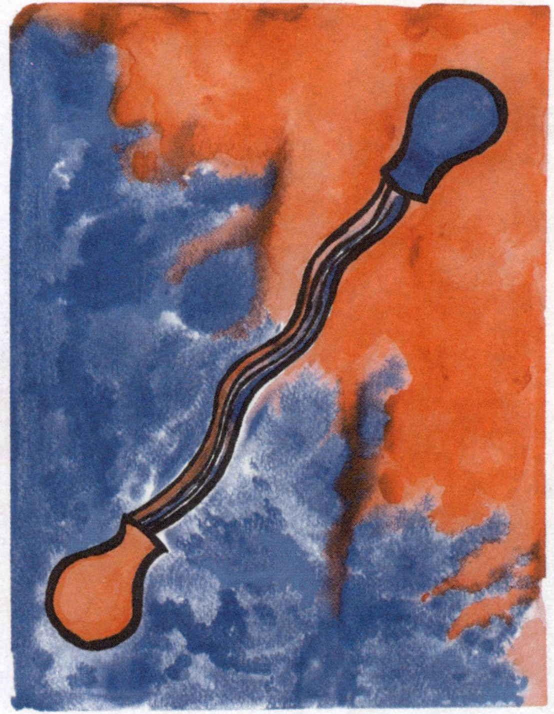

Espiritualidad

Conectar

Liberar

Brillar

Intuir

El logro

Evaluar